AI시대, 창의지능

이미지로 상상하고 언어로 표현하는 훈련

장태규 * 조은래 지음

AI시대, 창의지능

이미지로 상상하고 언어로 표현하는 훈련

AI시대, 창의 지능 Creative Intelligence

AI시대, 창의지능

이미지로 상상하고 언어로 표현하는 훈련

장태규 * 조은래 지음

헤리티지아르케 정신
Heritage Arche Spirit

다음 세대에게 가치있는 교육환경을
유산으로 물려줄 책임을 갖는다!

Creating a valuable educational environment for the next generation
We have a responsibility to pass it on as a legacy!

Samir Sarkaar

HeritageArche Mission ♡ 흘려보내기

지금 우리는 어떤 시대에 살고 있는가?
초연결, 알고리즘 편향, 인공지능, 자동화 등으로
생산성이 인간존재의 본질을 넘어섰다.

그로 인해 인간성의 위기와 비인간화의 현상이
사회문제와 갈등으로 고조되고

인간은 일상의 소소한 기능마저 약해지고
지식과 기술로부터 소외되어 대화할 친구마저
챗봇과 인공지능 로봇에 의지한다.

이런 시대정신의 직면 앞에 언어교육학자로서
인간의 고유한 공감과 소통 언어를 연구, 개발하여
다음 세대에게 가치있는 교육환경을 유산으로 물려줄 책임을 갖는다.

그런 의미에서 아르케Arche 교육이 미래세대와 우리에게
신(新)성장동력을 유발하는 창의지능 교육으로
혁신을 만드는 기회가 되기를 기대한다.

장태규 대표 / 헤리티지아르케 창의언어연구소

상상력의 순간을 이미지언어로 융합하고 분열하라!
세상을 변화시킬 생각 에너지가 생성될 것이다.

- 장태규 〈FIFUSION 생각의 순간을 그려라〉

이 책에서 무엇을 찾고 싶으세요!

정신지체 청년작품 <소방차>

To.

From.

CONTENTS

프롤로그

-AI시대, 창의지능에 직면하라!
-Arche 창의지능 6대 키워드
-책소개 & 작가의 글

1부. 『나의 창의지능을 깨우다!』   33

창의지능의 구조 이해하기
창의지능의 3대 핵심요소
청소년기 뇌의 가소성과 창의지능의 발달
창의지능과 학업, 진로 탐색의 실제 적용
창의지능이 높은 사람들의 공통 패턴

2부. 『창의지능의 메커니즘』   47

질문하는 인간
딴생각하는 인간
낙서하는 인간
창의지능 연상언어 Testing
창의지능 연상사고역량 Testing
창의지능 사고유형

3부. 『창의지능 루틴만들기』   136

창의지능 커리큘럼
연상언어교육키트 Arche
창의루틴의 과학적 원리
숫자연상루틴
우화연상루틴
명화연상루틴

4부. 『AI와 창의지능의 융합』   168

AI는 최고의 창조성 코파일럿
    AI는 창의지능의 확장 파트너다
    어떻게 질문하느냐가 창의지능을 결정한다.

프롬프트 디자인의 기본기
    좋은 프롬프트의 4요소
    프롬프트 유형별 설계법
    아이디어 발산형/문제해결형/스토리확장형/데이터분석형
    *실습: 하나의 주제로 10가지 관점 만들기

AI와 함께하는 창의실험실 Arche Lab
    직선·곡선·도형을 AI로 확장하기
    숫자·우화·명화 루틴을 AI와 협업하기
    AI + 나의 생각 = 새로운 창조물 훈련
    *실습: 1개의 아이디어를 20개로 확장하기

나만의 창의 데이터셋 구축하기
    창의지능 성장을 위한 개인 아카이브의 중요성
    관심 키워드 축적법
    아이디어 라이브러리 설계
    이미지·텍스트·도형 연결 데이터셋 만들기
    나만의 사고지도(Mind Atlas) 설계

5부. 『창의지능으로 미래를 설계하다』   168

창의지능과 진로의 만남

    창의지능이 강한 학생이 주목받는 분야

    AI시대의 새로운 직업군과 필요역량

    나만의 창의 포트폴리오 만들기

공유 리터러시와 창조주권

    공유리터러시란? / 오픈소스 정신과 집단지성 /

    공유를 통한 창의지능의 확장 / 창조주권이란?

문제발견형 인간으로 성장하기

    불편함 관찰 일기 작성법

    10대의 작은 실험이 사회를 바꾼 사례들

    나만의 변화 프로젝트 5단계

에필로그

창의지능, 공유와 공존 그리고 창조의 미래   222

부록패키지   228

    A. 창의지능 7DAY 루틴 플래너

    B. AI 창의지능 연상사고유형 TESTING(앱 링크제공)

    C. 하루 10분 아르케 루틴북

    D. 사진으로 연상하고 AI로 상상하기 * 서유영작가 집House작품

prologue....

AI시대, 창의지능에 직면하라!

AI시대, '생각하는 방식'이 경쟁력인 세상이 되었다.

어느 날 친구가 물었다. "AI가 다 해주는데, 우리는 뭘 해야 해?" 그 질문 앞에서 나는 잠시 멈췄다. 정답을 찾으려던 순간, 오히려 질문이 더 많아졌다. AI가 글을 써주고, 그림도 그려주고, 코드를 짜주는 시대에, 우리는 정말 무엇을 할 수 있을까?

답은 간단했다. 생각하는 방식을 바꾸는 것. AI는 우리가 던진 질문에 대답할 수는 있지만, 어떤 질문을 던져야 할지는 스스로 정하지 못한다. AI는 이미 있는 패턴을 조합할 수 있지만, 아직 아무도 생각하지 못한 새로운 질문을 만들어 내지는 못한다. 그 질문을 만들고 묻는 힘, 그것이 바로 창의 지능이다.

지금까지 우리는 "무엇을 아는가?"로 평가받았다. 하지만 이제는 "어떻게 생각하는가?"가 더 중요해졌다. 정보는 넘쳐나고, 지식은 검색하면 나온다. 중요한 건 그 정보를 어떻게 연결하고, 어떤 질문을 던지며, 어떤 방식으로 새로운 의미를 확장해 가는가이다.

이 책은 바로 그 '생각하는 방식'을 키우는 여정에 관한 이야기다. 창의 지능은 타고나는 게 아니라 점진적인 훈련 과정으로 만들어진다. 매일 10분, 작은 루틴 하나가 당신의 생각과 감정, 행동의 뇌 구조를 완전히 바꿀 수 있다.

창의지능Creative Intelligence이란, 양자적 사고를 기반으로 새로운 것을 발견하고 연결하며 실행하는 능력이다. 하나의 관점에 고정된 생각과 감정, 행동을 만드는 선형적 사고[1]가 아니라, 단순히 아이디어를 연상하는 것에서 현실에 적용할 수 있는 아이디어로 의미를 확장해 가는 모든 과정까지를 포함한다.

구글, 네이버와 같은 빅테크 기업이 직면한 검색창의 고민은 기술의 변화를 넘어 비즈니스 근간마저 흔들고 있다. 생성형AIGenerativeAI의 등장으로 검색창의 진화는 시작되었다. 기존 검색의 본질은 사용자가 입력한 키워드에 맞는 웹페이지 리스트(Link)를 나열하는 것이었다. 그에 따른 연결된 페이지 광고가 주요 수입원이다. 하지만 지금은 결과를 실시간 말해주는 AI가 등장하며 질문에 대한 결과값을 바로 제공하기에 광고 페이지는 존재 공간을 잃었다.

포털사이트 플랫폼의 주요 서비스는 필요한 정보에 연관된 핵심 단어를 키워드로 검색해 주는 단순한 지식제공 서비스이다. 그런 이유로 구글은 인트로 페이지에 검색창 디자인을 내세워 방문자의 궁금증을 풀어주는 디자인이다. 그에 부합하여 국내의 대표적 포털싸이트 네이버naver와 다음daum도 유사한 검색창의 기능과 디자인으로 운영되고 있다.

그러나, 이세 생성형 AI의 등장으로 문제 해결에 필요한 지식 찾기와 질문에 대한 검색 인터페이스의 반응이 키워드에서 대화로, 단어중심에서 문장 중심으로 변화되고 있다. 미디어로 인한 인간의 작용, 반작용의 행위가 단순한 입력으로는 충분한 지식을 얻는 것에 어려움이 생긴 것이다.

---

1) 원인과 결과가 일직선상에서 순차적으로 이어진다고 믿는 사고방식으로 A이면 B이고, B이면 C이다라는 식의 단계적이고 논리적인 흐름을 중시하는 태도.
   #순차성 #명확성 #직선적예측 #수렴적사고

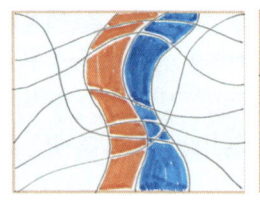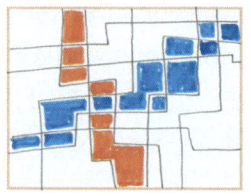

그렇다면 AI시대, 맥락을 깊이 이해하는 과정에 필요한 고차사고를 사용하고 창의 지능을 배우기 위해 우리가 집중해야 할 역량이 무엇인지 몇 가지 확인해 보자.

무엇이 필요한지, 구체적으로 질문하는 시대

고차원적 사고를 습득하는 탐색단계에서 **<창의 지능의 첫 번째 키워드는 질문하는 인간>**이다. 간단한 단어나 필요한 질문과 클릭으로 세상을 인식하던 검색창 프레임과 기능은 사라질 것이다. 과거에는 관련 자료를 검색하고 읽고 적당한 내용을 찾는 과정이 중요했지만, 이제는 개인비서처럼 결과값을 바로 생성시키는 전이가 일어났다. 생성형 AI 시대는 내가 원하는 결과물을 실시간 연결해 주는 프롬프트 Prompt로 질문이나 문장을 지시어로 만드는 능력이 중요하다.

고차원적 질문을 훈련하기 위해 우리는 창의성에 필요한 유창성, 정교성, 융통성, 독창성을 기반으로 창의 지능에서 요구하는 발산성과 연결성, 실행력이 루틴으로 어떻게 만들어지며 무엇이 필요한지 살펴볼 것이다. 미래의 문맹은 글을 모르는 사람이 아니라 질문하지 못하는 사람이다.

마치 AI는 우리에게 '답은 내가 줄 테니, 너는 무엇이 궁금하니?'라고 묻고 있는 것 같다. 미래 교육의 목표는 답을 잘 맞히는 학생이 아니라 질문을 잘 던지는 학생이다. '정답 중심'에서 '문제발견 중심'으로 전환해 스스로 문제를 찾고 해결하는 것에 집중하여 정리하고 다시 질문으로 답을 발견하는 교육이다.

　결국, 인간에게 AI로부터 생각을 지배당하지 않고 자유자재로 활용할 수 있는 '질문의 근육'을 단련하는 교육이 중요하다.

인종과 세대, 언어와 문화의 경계를 깨는 딴생각

<창의 지능의 두 번째 키워드는 딴생각하는 인간>이다. 어릴 적 부모에게 가장 많이 듣던 말 중 하나는 "딴생각하지 말라!"라는 말이다. 이 말은 평소 익숙한 기준에서 벗어난 생각과 감정, 행동이 보일 때 교사나 부모가 꾸짖던 말이다. 혹은 스스로 질책하며 쓸데없는 생각은 그만하고 정신을 차리라는 지적과 책망의 의미로 인식된다.

　지금의 세상은 모든 영역에서 '딴생각'을 필요로 한다. 그러나 현실은 어떤가? 시간을 주고 딴생각을 해보라고 등을 떠밀어도 못하는 상황이 되었다.

　모두가 정장을 입고 모여 있는 공식적인 자리에 한 남성은 청바지와 빨간 운동화를 신고 나타난다. 시간과 장소, 상황에 반하는 그의 모습에 사람들은 어떤 반응을 보일까?

　'낄끼빠빠'는 낄 때 끼고 빠질 때 빠지라는 의미로 가볍게 사용하는 젊은 층의 줄임말이다. 이 말의 의미는 상황과 분위기를 모른다는 뜻이다.

　그러나 최근 사회심리학 연구에 따르면 모임에 드레스코드를 어긴 사람을 무례하다고 평가하기보다 자신감 있고 유능하며 높은 지위를 가진 인물로 인식하는 경향을 언급한다. 규칙을 깨는 행위가 때로는 독창적인 생각의 근육과 무늬로 인식된다. 이처럼 인간은 보편적으로 지켜야 하는 규범과 범주, 규칙에 의해 생활한다. 그러나 가정과 학교,

직장의 환경에서 틀에 갇히기보다 경계를 넘나드는 딴생각과 엉뚱한 행동을 지혜롭게 만들어야 하는 시대가 되었다.

딴생각을 위해 넘어야 할 것은 우리가 가지고 있는 틀과 익숙함의 경계이다. 세대의 장벽을 허물고 언어와 인종의 경계도 초월해야 한다. 국경을 가리지 않고 다양한 사람들과 연결된 문화 속에서 생활의 경계선을 품어야 한다. 그런 의미에서 딴생각은 고정관념에 얽매이지 않고 자기만의 생각을 스스로 만드는 고차원적인 지식을 갖는 것이다. 고차사고의 수사적 표현을 활용하여 딴생각의 루틴을 배우기 바란다.

과거에는 정해진 매뉴얼을 정확하게 수행하는 '효율성'이 미덕이었으나 지금은 '창의적 의미의 딴생각'이 생존을 위한 필수 역량이 되었다. 인공지능이 넘볼 수 없는 인간만의 비선형적 사고로 길 없는 숲을 헤매는 것처럼 전혀 상관없어 보이는 두 가지의 개념을 엉뚱하게 섞는 능력으로 뇌는 활성화 된다.

우리는 아침에 눈을 떠서 잠들 때까지 끊임없는 정보의 홍수 속에서 산다. 초연결 시대의 역설로 뇌가 과부하 되는 것을 해소해야 하며 외부 정보를 처리하느라 꽉 차 있는 뇌를 비워야 한다. 그래야 새로운 아이디어가 들어갈 수 있다. 딴생각은 뇌의 여백을 만드는 과정으로 복잡한 현대사회의 문제를 의외로 해결해 준다.

모두가 똑같은 콘텐츠를 소비하는 알고리즘의 시대에 딴생각은 나만의 고유한 생각에 집중하는 시간과 공간을 만든다. 남들이 정해준 목적지가 아닌 내 마음이 자연스럽게 어디로 흐르는지 관찰하는 기회를 준다. 자신만의 고유한 관점을 갖는 것은 성장하면서 필요한 모든 학습에 점진적으로 영향을 준다. 특별히 창의적인 예술가나 독창적인 시각으로 사고하는 비즈니스 분야에 탁월함을 준다.

이제, 딴생각은 단순한 시간 낭비가 아니라, 뇌가 스스로 업데이트하고 새로운 경로를 탐색하는 '생산적 방황'으로 이해된다.

낙서하듯 마음껏 그리는 점, 선, 면, 도형으로
신(新)성장동력을 생성하라!

<창의 지능의 세 번째 키워드는 낙서하는 인간 Homo Graphicus**>**이다. 낙서는 단순한 유희를 넘어 매우 중요한 의미가 있다. AI는 확률과 통계에 기반하여 가장 그럴듯한 답을 내놓지만, 인간의 낙서는 무작위성과 비정형성에서 시작된다. 마음속 깊숙한 잠재의식을 시각화하는 행위로 손이 가는 데로 낙서하듯 곡선과 직선, 도형의 이미지를 활용하여 그리고 연상하고 토론하는 학습 과정으로 시각적 상상과 개념적 상상을 융합하여 감각 언어와 인공지능의 사고를 이해하는 고차원적 사고력을 루틴으로 만드는 학습에 사용된다.

창의 지능을 위한 직접적인 경험을 위해 나는 매년 뉴욕을 방문한다. 그곳에서 보고 듣고 경험하는 것들이 창의적인 사고확장에 자극이 된다. 다양한 인종과 건물, 문화, 거리, 상점, 수많은 미술관, 창의적인 직업과 시대적 흐름을 읽을 수 있는 감각적인 간판 디자인, 미디어 광고 등은 시각언어로 연상되는 창의 지능을 높여준다.

특별히 현란한 광고판이나 다양한 사람이 만드는 여러 문화도 중요하지만, 여기저기 곳곳에 그려져 있는 낙서는 호기심을 증폭시켰다.

장미셸 바스키아[2]는 미국의 그라피티 예술가이다. 검은 피카소로 불리는 인물이며 뉴욕 거리의 낙시로 시작해서 주류 미술계로 진입, 거칠고 즉흥적인 붓질, 극채색, 해골이나 왕관 같은 상징을 통해 인종차별, 식민주의, 부조리한 사회 구조 등을 비판하고 흑인 예술가의 정체성을 탐구했다.

단순한 선과 움직이는 사람들로 대표되는 밝고 경쾌한 그림을 낙서처럼 공공장소에 그리며 AIDS, 마약중독, 인종차별 등 당시의 사회문제를 직관적이고 긍정적인 메시지로 전달했다.

---

2) 미국 뉴욕 그라피티 아티스트. 현대미술가 1960~1988

작품전시 : 뉴욕 MOMA 미술관

　낙서는 우리에게 고정관념을 깨는 훈련을 자연스럽게 돕는 도구이다. 회의 중에나 공부 중에 끄적이는 낙서는 뇌의 긴장감을 완화하고 하나의 문제에 매몰되지 않도록 객관적인 상황으로 바라보게 한다. 역설적인 효과로 집중력을 흐트러뜨리는 것 같지만, 실제로는 뇌의 '디폴트 모드 네크워크'[3)]을 활성화해 복잡한 문제를 해결하는 통찰력을 준다. 통찰력에는 여러 가지의 방법이 있다. 낙서는 구체적인 형체가 없는 아이디어를 구체화하는 첫 단계로 개념 설계의 씨앗이 된다. 보편적으로 문제를 해결하는 의식의 논리성에 더해 무의식의 생각을 현실의 문제로 발견하고 해결하는 프레임으로 연결해 준다.

---

3) 디폴트 모드 네트워크(Default Mode Network, DMN)는 우리 뇌가 외부 자극에 집중하지 않고 '휴식 상태'에 있을 때 오히려 활발하게 작동하는 뇌 부위들의 연합을 말한다. 쉽게 말해, 우리가 아무런 특정한 과제를 수행하지 않고 멍하게 있거나, 공상에 잠길 때 가동되는 뇌의 '기본값(Default)' 모드이다.

창의 지능은 질문하는 인간, 딴생각하는 인간, 낙서하는 인간이라는 3가지 타입의 사고유형을 키워드로 인공지능이 일상화된 배움에 창조 주권을 내어주지 않는 인간의 의지와 AI 활용 철학을 고차사고력으로 만드는 학습키워드로 제시한다. 그중 특별히 현대사회에서 급격하게 사회갈등으로 떠오르는 인간과 인공지능의 관계성을 정리한다.

각 분야의 전문가는 다양한 신조어와 현상을 이론으로 시대정신을 담아낸다. 공통적인 것은 인공지능을 인간의 통제하에 두어야 한다는 것이다. 소극적인 보조개념보다는 명령자, 검증자, 완결자로서 감정과 행동을 생성하는 적극적인 파트너로 봐야 한다.

이제, 인공지능을 개념 없이 의지하는 업무나 학습 스타일은 줄이고 서로 다른 두 종류의 지능을 활용하여 자신의 창의 지능을 스스로 점검하고 관리하는 루틴을 만들어 보길 권한다.

창의 지능과 연결된 10가지의 연상언어역량을 10분 안에 셀프테스팅으로 빠르게 체크해서 인공지능을 활용하는 하이브리드형 인간으로 최적화를 시키고 최고 성능을 가진 빠른 기계가 아니라, 깊이 사유하고 질문하여 딴생각을 지혜로 전환하는 인간이 되기를 기대한다.

<창의 지능의 네 번째 키워드는 '창의 사고유형 셀프테스팅'>이다. 간단한 질문으로 자신이 어떤 연상언어사고에 강점과 약점을 가졌는지 파악한다. 파악된 창의 사고유형은 어떤 상황에서 발현이 되고 어떤 일들에 강력한 무기기 되는지, 혹은 사각지대로 약화하는지 정리한다. 그와 관련된 잠재력을 깨우는 3가지의 창의지능 훈련이 무엇인지 정리하고 루틴 만들기로 학습을 제안한다.

나는 지난 5년간 미국의 동중부지역에 한국학교교사 워크숍 강의와 동남아 아동센터 교사와 청소년 및 국내외 시니어 대상으로 건강한 사고력 회복을 위한 창의지능 특강을 진행했다. 그 과정에서 듣는 공통적인 질문은 이렇다. '강의할 때는 연상언어교육이 재미있고 집중력이 높아져 잘 사용할 수 있는 학습 도구 같은데', '막상 강의가 끝나고 나서 직접 현장에서 아이들과 시니어에게 적용하려면 어떻게 해야 할지 어렵다'는 의견이 있다.

교육과정에서 초기 학습의 접근단계는 가능하면 4개 중에 선택할 수 있는 객관식으로 활용하기를 권한다. 연상 교육은 초기 생각과 감정, 행동을 묻는 질문이 대부분 주관식이다. 자유롭게 생각을 떠올려야 한다는 연상의 기본법칙에서 정한 방법이다. 그러나 사람들은 막연히 떠 올려보라는 요구에 긴장하고 부담을 느낀다.

Arche 창의언어연구소를 방문한 초등 4년, 여학생에게 A4 용지 3장을 주고 직선, 곡선, 도형을 활용하여 마음껏 그려봐! 주문한다.

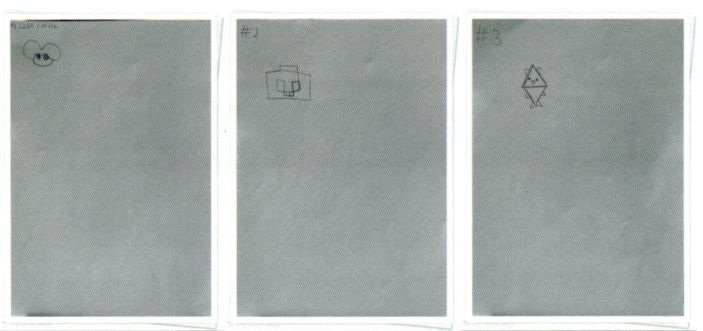

*출처 : 헤리티지아르케

곡선과 직선, 도형(삼각형)으로 학습자의 마음속 생각을 읽는다. 흰색 공간에 생각을 연상하고 새로운 것을 만들기 전에 테스팅으로 진행되는 초기단체 마음 표현이다.

공간에 그림을 작게 그리는 것은 자신감 결여와 위축감, 수줍음을 의미한다. 또한, 넓은 공간을 효율적으로 사용하지 못하고 모서리에 이미지를 그리는 것도 강한 불안정성과 의존성, 회피심리를 나타낸다. 종이의 가장자리는 심리적인 경계를 의미하고 마치 구석에 숨어있는 것처럼 자신을 격려하고 보호하려는 욕구를 보인다. 중앙을 피하고 구석을 찾는 것은 불안할 때 의지할 지지체계를 찾거나 주목받는 것을 꺼리는 심리로 분석된다.

하나의 사례를 소개하였으나 이처럼 최근 표현과 소통의 공감들이 소극적이고 막연해서 자신감이 떨어진 학습자가 많다.

<창의 지능의 다섯 번째 키워드는 '연상언어교육키트'>이다. 교육키트는 생각을 떠올리고 연상하는 것에 익숙하지 않은 학습자에게 습관을 만들고 학습에 참여할 용기를 주는 루틴 만들기에 적극적인 집중력을 준다.

<연상언어키트>의 구성은 생각과 감정, 행동에 관련된 단어카드가 각각 10장씩 총 30장과 단어카드를 연상할 수 있는 이미지카드가 10장이 제공된다. 메인보드판에 단어카드와 이미지카드를 위치시키면 창의 지능을 습득하기 위한 고차사고 언어수업이 시작된다.

인간의 부정적인 감정 속에는 공포와 불안이 숨어있다. 이 두 가지의 감정에 물을 주기 시작하면 불편한 기억이 끝없이 자라서 많아진다. 불편한 기억들이 마음 깊숙이 근본사고로 자리 잡으면 일상에서 마주하게 되는 대부분 상황에서 부정적인 관점이 우선순위로 나의 판단을 결정한다. 부적정이고 불편한 기억은 현실의 문제해결과 갈등에 직면했을 때 해결에 필요한 선택들에 대해 비판적 시각과 생각의 고립을 갖게 한다.

인간의 긍정적인 감정 속에는 즐거움과 보상이 있다. 이것이 성장하면 행복한 기억들로 채워진다. 행복한 기억은 지금의 현실에서 좋은 연상과 진취적인 생각을 떠올리게 도와주며 사람들로 하여금 감동의 에너지를 만든다.

고차원적 연상언어를 이미지로 경험한 아이들은 행복감이 높고 자존감이 튼튼하다. 자신의 진로를 결정하는데 스스로 논리, 기술,

정확, 속도를 계산하고 추측하며 융합, 비유, 상징적 의미를 확장해 유연하게 활용한다. 이 과정에 필요한 성장동력을 스스로 만들고 독창적인 자기의 미래를 설계한다.

인간은 발달 단계상 태어나서 죽는 순간까지 끊임없이 무엇을 해야 할 것인가를 생각한다. 그 과정에서 진로와 직업에 필요한 전문성을 갖기 위해 돈과 시간을 투자하여 배운다. AI가 모든 것을 생성할 수 있다고 믿는 시대, 진짜 인간의 임팩트한 역량이 무엇일까? 집중하게 된다. 알고리즘이 예측하고 통제할 수 없는 영역, 즉 아직은 인공지능 AI가 미숙하여 접근하지 못하는 인간의 원형을 향한 목마름이 다양한 영역에서 요구된다.

디지털미디어가 빠르게 발전하고 업그레이드되는 한국은 더더욱 불안정한 청소년과 청년, 시니어들이 기능을 찾고 사회와 공감할 수 있는 가치와 신념을 배움으로 안정감과 만족을 추구하는 일상의 삶을 누리기 위해 창의지능을 연상키트로 훈련하기 바란다.

<창의 지능의 여섯 번째 키워드는 '연상이미지언어역량'>이다. 창의 지능은 '무'에서 '유'를 만드는 것이 아니라, 기존의 정보들을 어떻게 연결하느냐에 달려 있다. AI를 활용해 데이터를 수집하고 Input, 나만의 관점으로 가공하여Process, 결과물을 확장하는Output 구체적인 방법이 작업 플로어로 이미지화한다.

작업 플로워와 연결된 연상이미지언어 역량은 인공지능이 보여주는 최신성, 복제성, 효율성에 대한 다음 단계의 연속성과 같다. 이를 일상의 직접경험으로 체험하도록 과거의 기억과 습관, 체험과 연결하여 긍정적 의미로 확대해 가는 과정을 포함한다.

#공감력 #실행력 #대인관계 #소리 #정서안정 #문제해결
#통제력 #집중력 #연상력 #자기애

당신의 창의지능 여정을 시작하세요

To-Do

☐ 나의 사고 유형 진단하기
☐ 하루 10분 아르케 루틴 실천하기
☐ AI를 도구로 나만의 데이터셋 만들기
☐ 작은 불편함을 관찰하고 기록하기

AI시대, 무엇이 인간을 인간답게 만드는가? 바로 상상하고 창조하는 능력입니다.

　이 책은 단순히 읽기에만 집중하는 책이 아니다. 함께 실행하는 책이다. 각 장 끝에는 '실천 미션'과 '자기 질문'이 있다. 그것을 건너뛰지 말고, 직접 해보길 권한다. 생각은 행동으로 옮겨질 때 비로소 힘을 갖는다.

　책은 크게 네 부분으로 구성되어 있다.
　PART 1에서는 창의 지능이 무엇인지, 나의 창의 지능은 어떤 유형인지를 발견한다. 셀프 진단을 통해 자신의 강점과 성장 가능성을 확인할 수 있다.
　PART 2는 창의지능의 메커니즘을 소개한다. 질문하는 인간, 딴생각하는 인간, 낙서하는 인간의 유형별 특징을 정리한다.
　PART 3에서는 '아르케 창의 루틴'을 소개한다. 숫자, 우화, 명화를 활용한 세 가지 루틴을 통해 생각의 구조를 바꾸는 훈련이다. 이 루틴은 뇌과학 연구에 기반한 실제 효과가 검증된 방법들이다.
　PART 4에서는 AI와 창의 지능의 융합을 다룬다. AI를 창의 지능의 확장 도구로 활용하는 법, 좋은 프롬프트를 디자인하는 법, 나만의 창의 데이터셋을 구축하는 법을 배운다.
　PART 5에서는 창의 지능을 진로와 연결하고, 공유리터러시와 창조주권에 관해 이야기한다. 창의 지능은 혼자만의 것이 아니라, 세상과 연결될 때 더 큰 의미가 있다.

　이 책을 다 읽고 나면, 당신은 단순히 '창의적인 생각'을 하는 사람이 아니라, '창의 지능을 설계하고 실행하는 사람'이 될 것이다.

　이제 시작하자. 당신의 창의지능 여정이 여기서부터 시작된다.

〈아르케 Arche 창의지능 메커니즘〉
낙서하듯 점, 선, 면, 도형의 이미지를 활용하여
그리고 연상하는 학습으로
시각적 상상과 개념적 상상을 통해
감각언어와 인공지능의 사고를 융합하여
인간의 고유한 생각과 집중력을
고차원적 사고로 높이는 미디어연상언어학습

〈목표〉
스스로 생각하고 질문하기
고차원적 문장과 우선순위의 핵심단어 찾기

〈학습단계〉
1단계-인간의 다양한 사고를 4가지 유형으로 분석
2단계-10개의 연상언어역량과 연결한 학습교육
3단계-인지기능과 문해력을 향상하는 연상언어키트교육
4단계-읽고, 그리고, 연상하고, 토론하는 독서훈련

〈주요 프로그램〉
-아르케 연상사고 테스팅
-개인코칭＊그룹코칭
-교육매니저 자격과정
-국내외 대학, 기업특강
-청소년, 학부모, 교사, 다문화강사, 시니어 창의지능캠프 등

〈연상언어 10대 핵심역량〉
공감력, 실행력, 대인관계, 소리, 정서안정,
문제해결, 통제력, 집중력, 연상력, 자기애

21세기는 기술이 사회 전반을 근본적으로 변화시키는 디지털 대전환 Digital Transformation의 시기이다. 인공지능(AI), 빅데이터, 클라우드, 사물인터넷(IoT), 범용인공지능(AGI), 블록체인 등 첨단 기술이 산업·경제·교육·문화 전반에 침투하면서, 인간의 사고방식과 생활양식을 빠르게 재구성한다.

공생지능Symbiotic intelligence은 'AI가 주도하는 초연결·초지능의 시대', '디지털 문명 전환기', 혹은 '인간과 기계의 공존 시대'로 인식하게 한다. 이는 AI와 인간이 서로의 약점을 보완하며 상호작용하는 협업적 체계를 의미한다.

이러한 시대 인식은 단순히 기술의 발전을 넘어, 인간의 존재 이유와 학습, 일, 관계의 의미를 상호 보완적으로 만든다. AI는 데이터 분석 등 객관적 목표를 분석하고 인간은 가치 판단과 창의성 등의 주관적인 기능을 담당하여 두 주체가 역할을 분담해 최적의 결과를 도출한다.

시대정신이 갖는 효율성은 디지털미디어의 관점에서 주목받는 이슈와 부합한다. 이러한 확산에 우려스러운 것은 지식과 정보를 텍스트·이미지·음성·영상 콘텐츠로 자동 생성하면서 '창작의 주체'가 인간의 고유한 역량에서 디지털 기술로 진화한다는 것이다. 이는 다양한 영역에서 고유한 창작자의 저작권·진정성·인간의 창의적 역할에 논쟁을 만든다.

최근 등장한 AI로 만들어진 챗봇 영어 강사, AI 뉴스진행자, 제품홍보에 등장하는 광고영상이 현실에 존재하는지, 가상의 인물인지 구분조차 어렵다.

이런 일상은 대상을 구분하지 않고 모든 계층에게 인공지능으로 최적화된 인간의 '리터러시Literacy' 개념을 근본적으로 확장시킨다. 이는 창의적인 저작권의 경계를 하나씩 허물고 인공지능이 인간의 창작물을 학습하고 새로운 콘텐츠를 생성하면서 누가 창조자인지에 대한 경계는 모호해진다. 어느 것이 원본인지, 창작활동에 기여도를 재정립하는 창조주권Creative sovereignty의 시대적 과제에 직면한다.

아울러 정체성의 위기도 제기된다. AI가 시, 음악, 디자인, 코드 등 창작의 모든 영역에서 인간을 능가하면서 인간의 창의성이 대체될 수 있는가에 대해 질문을 하게 된다.

미래 역량이 '단순히 조합능력'인가?
아니면 '의미 부여 능력'인가?

교육학자로서 내게 물었다. 인간의 감정과 경험, 윤리적 통찰이 창조의 본질이라면 그것을 어떻게 보호하고 교육시켜 다음 세대로 물려줄 것인가? 여러 해 고민을 해결하기 위해 정답을 찾는다.

결국, 미래 사회의 인간의 고유한 가치는 '의도Intentionality'와 '공감Empathy'에 있으며 단순한 기술 활용 능력이 아니라 '기계와 함께 사고하는 힘', '정보의 진위와 맥락을 읽는 통찰력', '디지털 윤리를 바탕으로 한 인간 중심의 판단력'이다. 모두 고차사고를 향한다.

고차사고 루틴만들기 <AI시대, 창의지능>은 이미지로 상상하고 언어로 표현하는 연상언어 훈련으로 '함께 이해하고 해석하는 능력' 즉 공유문해력Shared literacy를 요구한다. 이는 AI가 정보를 대신 찾아주고 요약하는 시대일수록 다양한 인종과 세대, 언어와 문화가 공존하면서 정보에 대한 해석이 달라지는 현상으로 나보다 우리가 더 중요하다는 소통과 공감의 언어학습에 지침서가 될 것이라 기대한다.

장태규＊조은래 올림

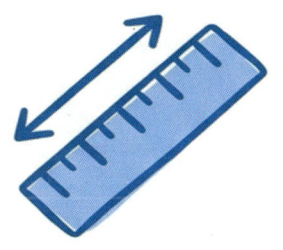

1. 직선 (Linear)
논리적 사고

2. 곡선 (Curved)
감성적 공감

3. 도형 (Shape)
융합과 조합

AI는 '확률'로 답하지만,
인간은 '의미'로 연결한다.

헤리티지 아르케
HERITAGE ARCHE

제1부 나의 창의 지능을 깨우다!

창의 지능의 구조 이해하기
창의 지능의 3대 핵심 요소
청소년기 뇌 가소성과 창의 지능의 발달
창의 지능과 학업, 진로의 실제 연결
창의 지능이 높은 사람들의 공통 패턴

 '창의지능Creative Intelligence'은 단순히 "AI를 어떻게 잘 쓰는가?"를 넘어 "인간만이 가진 고유한 창의적 우위가 무엇이며, 이를 어떻게 기술과 결합할 것인가?"에 집중한다. 그런 측면에서 AI를 도구가 아닌 '생각의 증폭기'로 활용하는 워크플로우workflow의 정리가 필요하다.

 지금 시대의 창의성은 '무'에서 '유'를 만드는 것이 아니라, 기존의 정보들을 어떻게 연결하느냐에 달려 있고 AI를 활용해 데이터를 수집하고Input, 나만의 관점으로 가공하여Process, 결과물을 확장하는 Output 구체적인 단계와 프롬프트 엔지니어링, 사고의 확장, 공동창작의 방법론을 제시한다.

 이를 위해 고차사고 언어의 차별화는 질문과 답으로 이어져야 한다. 정답을 내놓는 AI에 '질문하는 능력'이 곧 창의성이기 때문이다. 주변에 부모와 교사, 직장의 상사와 동료 및 부하직원 등에게 지식의 습득보다 '문제 정의 능력'의 중요성을 강조하는 접근으로 '호기심'과 '비판적 사고'를 어떻게 키울 것인지 깊이 있는 문제 정의력과 가치 판단 및 인문학적 통찰이 필요하다.

 종합해 보면 창의 지능에 대한 출발은 시대가 요구하는 지능의 패러다임에 따라서 유연한 생각과 감정과 행동의 시프트shift가 정리되어 지식의 소유에서 '활용'과 '연결'로 이동되었다. 창의성의 정의를 인정하는 것으로 AI가 넘지 못하는 창의성의 경계를 공감하고 판단하여 목적의식(Why?)의 힘을 향상해 가는가이다.

창의 지능의 구조 이해하기

시대정신Zeitgeist은 특정 시대의 지배적인 이상과 신념을 의미한다. 현재 우리가 사는 시대는 글로벌화, 디지털혁신, 인공지능의 위협, 복잡한 사회문제(기후 변화, 인종, 인권, 팬데믹 등)의 급증으로 특징지었다. 이러한 시대에 요구되는 청소년의 창의 지능은 단순히 새로운 아이디어를 떠올리는 것을 넘어, 실제 문제를 해결하고 공동의 선을 추구하는 방향으로 진화 할 수 있을까?

청소년의 창의 지능은 성공지능Successful Intelligence의 한 요소로써 단일한 능력이 아니다. 새로운 아이디어나 해결책을 생성하는 능력, 아이디어가 좋은 것인지 아닌지 판단하는 분석적 사고로 실행하고 타인을 설득하는 능력이다. 장기적 관점에서 공동의 선을 위하여 힘의 조화를 윤리적으로 활용하며 신(新)성장동력을 만드는 힘이다.

특히, 이 시대에 창의 지능은 지식 습득뿐만이 아니라 지식과 기술을 현실의 문제해결에 적용하고 풍부한 경험이 기술의 지식을 넘어서는 지혜로 개인의 성장과 세계시민 의식을 형성하는 데 새로운 중점을 만들어 가는가이다.

창의 지능의 3대 핵심 요소 : 발산성, 연결성, 실행력

창의 지능의 중요한 핵심 요소는 서로의 다른 힘이 조화를 이룰 때 비로소 완성한다. 마치 삼각형의 세 변처럼, 하나라도 약하면 전체 구조가 흔들린다. 3대 핵심 요소는 이렇게 정리해 보자.

발산성 Divergence은 중첩된 가능성을 동시에 탐색하도록 한다. 'A 일 수도 있고, B일 수도 있고...'의 구조를 설계한다. 이는 발산적 사고 인데, 하나의 질문에서 여러 개의 답을 만들어 내는 능력이다. 예를 들어, "의자는 무엇에 쓰는 물건인가?"라는 질문에 앉는 것이라고만 대답하는 사람과, 앉는 것, 책상으로 쓰는 것, 문을 막는 것, 예술 작품으로 전시하는 것 등 여러 답을 떠올리는 사람의 차이가 바로 발산적 사고의 차이다.

발산적 사고는 뇌의 전전두엽과 측두엽이 협력할 때 활성화된다. 고정된 틀을 벗어나 새로운 조합을 시도하려면, 뇌는 평소와 다른 신경 경로를 사용한다. 이 경로는 자주 사용할수록 강화된다. 그래서 매일 조금씩 '다르게 생각하기'를 연습하는 것이 중요하다.

연결성 Associative Network은 서로 멀리 떨어진 개념을 연결해 준다. AI가 연결하는 기계적 확장과는 구별된다. 인간의 연상망을 확장하는 효과는 연결사고로 시작되는데 서로 관련 없어 보이는 것 사이에서 공통점을 찾아내는 능력이다. 스티브 잡스가 서예 수업에서 배운 글씨체를 컴퓨터 폰트로 연결한 것, 다빈치가 새의 날개를 연구해 비행 기계를 설계한 것이 모두 연결적 사고의 결과다.

연결적 사고는 단순히 지식을 많이 아는 것과는 다르다. 오히려 지식과 지식 사이의 '빈틈'을 발견하고, 그 사이를 연결하는 능력이다. 이를 위해서는 서로 다른 영역에 관심을 두고, 다양한 경험을 쌓는다.

음악을 좋아하는 사람이 수학을 배우고, 그림을 그리는 사람이 과학에 호기심을 가질 때, 연결적 사고는 자연스럽게 강화된다. 이때 중요한 것은 가능성의 중첩이다. 정답을 찾는 것이 아니라 가능성을 펼치는 시각이다. 양쪽의 모든 상태는 '관측되기 전까지' 공존한다. 창의적 사고에서도 가능성의 폭을 무한히 넓히는 단계가 먼저다. 서로 모순이 되는 아이디어도 포함이 되며 상식적으로 불가능해 보이지만, 가능성을 남겨둘 수 있는 공간을 만들어야 한다. 그래야 단순한 조합을 넘어서 고차원의 의미창출Meaning-Making로 새로운 의미, 서사, 시스템의 확장이 생성된다.

새로운 의미가 만들어진다는 것은 의미의 얽힘Entanglement of Ideas이다. 서로 무관한 요소를 연결하여 새로운 구조를 만들며 얽힘의 무늬를 볼 수 있어야 물리적 거리를 넘어 하나의 의미로 연결할 수 있다. 멀리 떨어진 개념의 결합이 창의 지능으로 연결되면 혁신을 만드는 핵심이 된다.

실행력Execution Power은 생각을 행동으로 옮기는 힘이다. 아무리 좋은 아이디어도 실행되지 않으면 의미가 없다. 실행력은 단순히 열심히 하는 것이 아니라, 작은 단계로 나누어 실천하고, 실패를 두려워하지 않으며 피드백을 받아들이는 모든 과정을 포함한다.

실행력이 약한 사람은 '좋은 생각은 많은데 실천이 안 돼'라고 말한다. 하지만 실행력은 훈련할 수 있다. 작은 것부터 시작하면 된다. 오늘 떠오른 아이디어를 메모하고 내일 그것을 한 문장으로 정리하고 모레 그것을 누군가에게 말해보는 것. 이런 작은 실행이 쌓이면 점점 큰 프로젝트도 실행할 힘이 생긴다.

역사 속에서 발견한 혁신의 대부분은 일상의 소소한 생각들을 실행하면서 이뤄진 것들이 많다. 이것은 창의 지능의 잠재적 시뮬레이션을 보게 하는 통찰력을 준다. 생각한 것을 실행으로 옮기는 지속성은 목표의 명확성을 만든다. 미래에 나는 커서 의사가 되어야지 하는 생각을 하면 '무엇을 해야 하는지'를 스스로 과정을 아는 성장을 돕는다.

이처럼 아직 존재하지는 않지만, 존재 가능한 미래를 탐사해 보고 그것을 텍스트로 적어서 현실에서 만들어 낸 이야기를 미래 버전으로 확장하여 내 마음껏 펼쳐보는 것은 중요한 경험이다.

최악의 상황이라도 내 아이디어는 어떻게 실행으로 옮겨지고 어떻게 붕괴하여 실패하는가를 경험케 한다. 많은 가능성 중에 의미가 가장 큰 하나를 선택하여 우선순위를 선택하는 과정은 실행력을 높이는 요인이 된다. 이처럼 구체적인 형태의 의미들은 성공적인 일상을 갖게 하는 지름길이 된다. 이것을 창의 지능에서는 의미의 밀도Meaning Density라고 말한다. 목표와 시간의 밀도를 높이는 훈련은 진로 탐색을 연결하는 중요한 역량이다.

청소년기 뇌 가소성과 창의 지능의 발달

뇌는 인간이 숨 쉬는 동안에 끊임없이 변화를 일으킨다. 특히 발달 단계상 청소년기에 **뇌 가소성**Neuro plasticity은 가장 높다고 할 수 있다. 가소성이란 뇌가 새로운 경험에 따라 구조와 기능을 바꾸는 능력이다. 이 시기에 어떤 경험을 하고, 어떤 생각을 반복하느냐에 따라 뇌의 회로가 결정 된다.

또한, 청소년기 뇌는 전전두엽이 빠르게 발달하는 시기다. 전전두엽은 계획, 판단, 추상적 사고를 담당한다. 동시에 이 시기는 감정을 담당하는 변연계도 활발하게 작동한다. 그래서 청소년은 강렬한 감정과 논리적 사고가 동시에 일어나는 독특한 경험이 만들어진다.

이 시기에 창의 지능을 훈련하면, 뇌는 그 패턴을 기억하고 강화한다. 매일 새로운 질문을 던지고, 이미지를 연상하고, 이야기를 만드는 고차사고 루틴을 반복하면, 뇌는 그 과정을 입력하고 자동화한다. 마치 자전거 타기를 배우면 평생 잊지 않는 것처럼, 창의적 사고방식도 뇌에 절차기억Procedural Memory처럼 각인된다.

하버드 대학교 신경과학 연구팀은 청소년기에 창의적 활동을 지속한 사람들의 뇌를 MRI로 촬영한 결과, 전전두엽과 측두엽 사이의 연결이 일반인보다 더 강하다는 것을 발견했다. 이 연결은 창의적 문제 해결과 갈등 조절 능력에 직접 관여한다.

즉, 지금, 이 순간 당신이 하는 생각 훈련은 단순히 오늘의 능력을 키우는 것이 아니라, 평생 사용할 뇌의 구조를 만드는 것이다.

창의 지능과 학업·진로 탐색의 실제 적용

많은 학생이 묻는다. "창의 지능이 공부에 도움이 돼요?" 답은 "그렇다"이다. 하지만 단순히 시험 점수를 올리는 방식은 아니다. 창의 지능은 모든 분야의 배움 자체를 바꾼다.

창의 지능이 높은 학생은 같은 내용을 배워도 다르게 이해한다. 예를 들어, 역사를 배울 때 단순히 연도와 사건을 외우는 것이 아니라, "왜 그 시점에 그 일이 일어났을까?" "만약 다른 선택을 했다면 어떻게 되었을까?"라는 딴생각과 질문을 던진다. 이런 질문은 기억을 더 강하게 만들고, 학습을 더 깊게 파고들도록 만든다.

수학에서도 마찬가지다. 공식을 외우는 것이 아니라, "이 공식은 왜 이런 모양일까?" "이 개념을 다른 상황에 적용하면 어떻게 될까?"라고 본질과 원리를 생각하는 학생이 문제해결 능력은 훨씬 높다.

진로 측면에서도 창의 지능은 중요하다. 인공지능 시대에는 단순 반복 작업이 자동화된다. 대신 새로운 문제를 발견하고, 예상치 못한 연결을 만들며, 창의적으로 실행하는 사람이 경쟁력을 갖게 되고 사회가 필요로 한다. 창의 지능이 높은 사람은 어떤 분야에 가든 '문제 발견자'이자 '해결 설계자'가 될 수 있기에 중요한 업무처리로 지도자가 될 가능성이 높아진다.

실제로 구글, 애플, 테슬라 같은 기업은 지원자의 학점보다 '어떤 질문을 던지는가?', '어떤 방식으로 문제에 접근하는가'를 더 중요하게 본다. 창의 지능은 바로 주어진 업무 환경에서 영향력과 주도권을 어떻게 가질 것인가를 키우는 훈련이다.

많은 청소년과 청년들이 진로에 대해 고민한다. 직업환경의 생태계를 흔드는 기술의 개발로 기존의 있던 일자리들이 빠르게 대체되고 있다. 새롭게 바뀐 직무 환경이니 당연히 새로운 기능과 기술이 필요하다. 그래도 버티며 뭐 할 일이 없을까 하는 개인과 집단도 있고 빠르게 새로운 것을 배우고 준비하는 개인과 그룹도 있다.

한달에 한번 참여하는 인문독서모임이 있다. 매월 새로운 회원들이 2~3명씩 참여하며 15명 내외가 토론을 한다. 최근 미국에서 한국으로 오게 된 한 회원이 있다. 자신을 엔지니어분야에 오랫동안 일한 전문가라고 소개한다. 스마트해보이고 말도 논리 있게 잘 한다.

지난달 장강명 소설의 AI를 먼저 경험한 사람들의 바둑전문가 30명을 인터뷰한 책 '먼저 온 미래'를 토론하였다. 바둑을 잘 두지 못한 이유도 있고 그렇구나 정도로 읽었는데, 엔지니어분인 회원은 매우 감명깊게 읽었고 위협이 되어 심각하게 받아들이는 표현을 한다. 그는 컴퓨터 전공인 아들의 상황도 걱정이 되는 듯 신중하다.

조금은 유연하게 생각하자는 나의 의견에 그는 '내가 하는 강의도 대체되지 않겠느냐?' 라고 물었다. 지금까지는 창의교육으로 선전하고 있지만, 곧 그렇게 되겠지, 인정하고 싶지는 않지만 그게 정답이다.

직업의 해체와 재구성이 기존의 직업 개념을 빠르고 유연하게 변화시킨다. 여러 분야를 연결하는 능력이 필요하고 AI가 못하는 가치판단의 핵심을 정확하게 아는 것이 필요하다.

드는 생각은 인간 고유의 영역을 강화하는 것이 그래도 오래가지 않을까? 하는 생각이다. 예술, 심리, 전략기획 등 인간의 감정과 복잡한 맥락 이해가 필요한 분야의 희소성은 높아질 것이다. AI가 경쟁자가 아닌 '지능형 비서'로 활용하여 오히려 직무가 늘어나기를 바란다.

창의 지능이 높은 사람들의 공통 패턴

창의 지능이 높은 학습자들은 오랫동안 연상언어 수업을 진행해 보니 몇 가지 공통점이 보인다.

첫째, 호기심이 많다. 그들은 일상의 작은 것에도 질문을 던진다. "왜 신호등은 빨강, 노랑, 초록일까?" "왜 책은 왼쪽에서 오른쪽으로 읽을까?" 이런 질문은 사소해 보이지만, 그 질문을 던지는 습관이 새로운 생각을 생성하는 뇌를 자극하도록 이끈다.

둘째, 다양한 경험을 즐긴다. 창의적인 사람들은 한 가지에만 몰입하지 않는다. 음악을 좋아하면서 과학에도 관심을 가지고, 운동하면서 철학책을 읽는다. 서로 다른 경험이 뇌 속에서 새로운 조합을 만든다. 생각과 감정과 행동이 분리되고 융합하는 것에 자유롭다.

셋째, 실패를 두려워하지 않는다. 창의 지능이 높은 사람들은 실패를 '잘못된 것'이 아니라 '새로운 정보와 방향성의 기회'로 받아들인다. 에디슨이 전구를 발명하기까지 1,000번 넘게 실패했지만, 그는 "1,000가지 안 되는 방법을 발견했다"라고 말했다.

넷째, 루틴을 가지고 있다. 창의 지능은 즉흥적인 것으로 보이지만, 사실 대부분 자신만의 루틴을 갖는다. 인간은 하루에 47%의 딴생각을 하며 보낸다. 매일 같은 시간에 산책하며 생각을 정리하거나, 잠들기 전 낙서로 아이디어를 메모하는 습관 등이 루틴이다.

다섯째, 관찰력이 뛰어나다. 섬세하고 배려하는 관찰력은 매우 깊은 집중력으로 차이를 보인다. 익숙한 것을 그냥 넘기지 않으며 작은 차이, 미묘한 패턴, 숨겨진 연결 고리를 포착하는 시각이 창의 지능의 핵심이다.

호기심, 경험, 실패사고, 루틴, 관찰력에 관련된 역량들은 모두 학습으로 습득하고 높일 수 있다. 타고난 재능이 아니라, 반복적인 훈련으로 만들어진 습관이기 때문이다.

나는 창의지능의 한계를 인정한다. 디지털지능과 생물지능에는 엄연한 차이가 존재한다. 그러나 나는 인간의 천연지능을 사랑한다. 천연지능은 일상에 직접적인 경험을 기반으로 지식이 습득되고 쌓인다. 시간도 오래 걸리고 과정도 길다. 속도도 점점 떨어진다.

AI는 이진법을 쓴다. 강아지를 인식하는데 10만 장의 이미지를 보고 학습한다. 강아지와 관련된 학습으로 연관성이 없는 데이터는 자동 삭제된다. 상황별 이미지에 스스로 높은 점수, 중간 점수, 낮은 점수를 주어 가장 어울리는 프롬프트의 질문에 가능 확률을 선택한다. 속도가 빨라서 그렇지 인간의 천연지능보다는 매우 비효율적인 구조이다. 지속적인 기술의 발달이 있기에 빠른 답이 가능해지고 인공지능이 똑똑하다는 착각을 하게 되는 것이다. 고도의 CPU와 작고 많은 것을 저장하는 장치와 배터리가 필요한 것이다.

그런 반면에 인간의 지능은 어떤가? 고양이 사진 1장 혹은 2장만 보면 정확하게 추상해 낸다. 소리를 들어도 강아지를 알아내고 혹여나 눈이 하나 없거나 다리가 없어도 모든 변수에서 인지가 가능하여 패턴을 인지한다. 적은 데이터로도 추상이 가능한 것이다. 이것이 위대한 인간의 지능이다.

인간의 뇌는 모든 작업에 추상 연상이 가능하다. 쌓인 데이터로 무늬의 패턴을 던지면 인지는 끝이다. 눈으로 보고 뇌로 묻는 것보다 뇌에서 눈으로 가는 데이터가 더 많은 것을 인지하게 한다.

무서운 것은 인공지능도 '기계도 생각할 수 있을까'라는 질문을 던지며 계산가능한 수를 컴퓨터 이론에 적용하여 계산기계와 지능을 연결했다는 것이다. 앨런 튜링Alan Turing의 논문은 현대 컴퓨터과학과 인공지능의 초석이 되었다.

[핵심 메시지]

창의 지능은 발산적 사고, 연결적 사고, 실행력의 조화다. 청소년기는 뇌 가소성은 가장 활발한 변화의 시기이며, 지금 하는 생각 훈련이 평생의 뇌 구조를 만든다.

[실천 미션]

오늘 하나의 사물(예: 펜, 신발, 컵 등)을 선택하고, 그것의 용도를 10가지 이상 떠올려 보자.

내가 좋아하거나 현재 실행하는 두 가지를 연결해 보자. (예: 음악 + 수학, 운동 + 글쓰기) 어떤 새로운 아이디어가 나올까?

오늘 배운 내용 중 하나를 친구나 가족에게 설명해 보자. 설명하는 과정에서 실행력이 강화된다. 창의 지능은 단일한 능력이 아니다. 확산과 연결과 실행의 세 가지가 서로 조화를 이룰 때 비로소 완성된다. 마치 삼각형의 세 변처럼, 하나라도 약하면 전체 구조가 흔들린다.

헤리티지 아르케
HERITAGE ARCHE

PART 2. 창의지능의 메커니즘

창의성은 영감이 아니라
'**어떻게 반응하느냐**'의 기술이다.

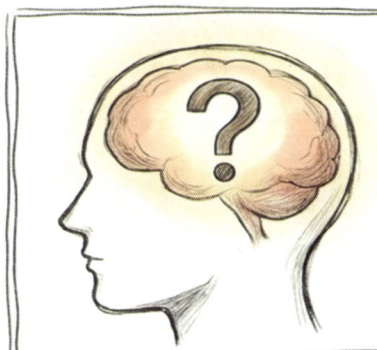

질문하는 인간
고정관념에 '왜?'를 던지는 힘

딴생각하는 인간
서로 다른 맥락을 연결하는 연상 작용

낙서하는 인간
무의식을 시각화하는 과정

제2부 창의 지능의 메커니즘

질문하는 인간
딴생각하는 인간
낙서하는 인간
연상사고유형 Testing
연상언어교육키트
창의지능역량

질문하는 인간

나는 지난 20여 년간 다양한 사람들에게 많은 질문을 던졌다. 질문의 첫머리는 '왜냐하면과 왜?'이다. 강의와 코칭을 통해 수많은 질문을 던져보니, 왜 질문이 필요하고 왜 질문을 던져야 하는지 알게 되었다. 때때로 질문을 던지다 보면 여러 감정들을 자연스럽게 배운다. 그들의 답변에는 감동이 있다. 어떤 날은 엄청난 웃음을 만들고 어떤 날은 깊은 깨달음을 주었다. 그 점이 늘 내 일에 평생을 바치고 진심을 다해야 한다는 노력을 갖게 한다.

늘 상황에 맞는 좋은 질문이 생각나는 것은 아니다. 어떤 날은 침울하게도 어리석은 질문이 나를 힘들게 하였다. 그러나 그런 질문들도 2~3번 이어지는 질문으로 상황이 바뀌었다. 아무리 독한 사람, 독한 세상도 4~5번의 질문을 연결해 던지면 어느 정도 해결되었다. 개인적으로 좋아하는 답의 유형은 '재미'이다. 그런데 이 질문과 답변안에 '재미'란 것이 답하는 사람의 문제라기 보다 질문하는 사람이 더 중요했다. 단순한 질문에는 단순한 답, 상황을 잘 유발시킬 수 있는 질문에는 유익한 답이 나왔다. 질문 문장이 상대방의 모든 일상을 자연스럽게 연상시키면 재미있는 연상과 유추는 이어진다.

지식이 많고 배움이 깊은 학생이라고 질문과 답을 잘하는 것은 아니다. 어느 날 Y 대학교 아동학부 교수팀이 창의지능 체험특강을 의뢰하였다. 떨리기도 하고 공부도 많이 한 교수라서 긴장을 하였다. 그러나 특강이 시작되고 곧 걱정은 사라졌다. 논리적인 내용이나 지식을 묻는 질문은 놀랍게 답했다. 그러나 상황을 융합하거나 상징적 사고를 묻는 질문에는 심심한 답을 하거나 웃기만 하였다.

지난주 중학생과 탁월함에 대해 묻고 답하였다. 먼저 겨울하면 떠오르는 이미지를 생각해 볼래? 바로 3개의 이미지를 떠올렸다. 크리스마스트리에 장식하는 '별'과 2026년 병오년 말의 해로 '붉은 말', 연말 '집'으로 힐링 특강을 하여 3개의 이미지를 떠올렸다. 질문과 답이 시작되었다.

<blockquote>
탁월함은 왜 별이야? 왜냐하면 바라보게 하니까!
탁월함은 왜 붉은 말이야? 왜냐하면 한계를 뛰어넘으니까!
탁월함은 왜 집이야? 왜냐하면 모든 상처를 치유해 주니까!
</blockquote>

질문과 생각은 서로 베프Best Friend이다. 생각을 만들려면 질문을 해야 한다. 그러나 한국 교육은 '정답을 암기하는 인간'을 만들었다. 아이러니하게도 지금의 시대는 질문에 직면하는 인간만이 살아남는 환경이 되었다.

언제부터인가 인간의 질문이 줄어든다. 회피하는 수준까지 가고 있는지 모를 일이다. 여기에서 언급하는 질문은 그저 일상에 소소히 묻는 '밥 먹었니?' '어디가?' '무슨 일 해?' '잘 지냈어?' 하는 질문은 아니다. 질문 속에 신념과 가치, 철학적 의미를 묻는 확장이다.

인간은 태어나서 말을 하기 시작하면서 끊임없이 부모에게 질문한다. 이것 뭐예요? 저건 뭐예요? 이건 왜 그래요? 저건 왜 그래요? 그 많은 질문에 대해 부모는 모든 답을 하는 것은 아니다. 그러나 질문이라는 것을 본능적으로 배우고 습득하는 기회를 얻는다.

질문을 많이 접하는 장소는 학교의 교실이다. 그러나 지금의 교실 분위기는 어떤가? 건강한 질문을 찾기 힘들 정도이다. 왜 그렇게 되었을까? 입시라는 목표가 우리의 시간을 부족하고 등 떠미는 환경으로 만든 것도 있지만, 중학교와 고등학교, 대학을 다니면서 질문에 대해 든 생각은 '교사의 권력'이라는 구조로 두렵게 만든 것은 아닌가 생각된다. 상황에 맞지 않거나 엉뚱한 질문, 혹은 잘못된 질문은 혼이 나거나, 친구로부터 조롱을 받는 시선으로 '찍힘'이라는 결과를 만든다.

교육이 진행될수록 창의적 호기심이 급격히 저하됨.

4세 - 하루평균 400개 질문

18세 - 하루평균 거의 0개

데이터출처 : Right Question Institute

  창의 지능이 높은 사람의 특징은 질문을 통해 문제를 발견하고 새로운 아이디어를 연상해서 갈등 해결의 실마리를 찾는다. 이것은 질문을 통해 사고 구조를 재배치하는 것이다. 다양한 배움의 장소에서 질문을 허용하는 시간을 주고 질문이 피드백이나 내부 평가로 반영된다면 어떨까! 질문을 연습하는 루틴으로 왜why? 3번, 어떻게how? 3번으로 말이다. 질문으로 문제와 갈등과 외교를 하지 않는 사회는 멈추고 경쟁력도 사라진다. 한국은 질문 횟수 세계 최하위, 기술이 충만하여 엔지니어적 사고로 기능적인 질문이 차고 넘치던 시대를 넘어서 융합적인 고차사고를 묻는 말로 전환하는 노력이 필요하다. 이제 질문하면 혼나는 시대에서 질문하는 개인, 사회, 국가가 주도권을 갖는 시대임을 인정하자.

82%
글로벌 리더의 공통점
질문 중심 사고

인간에게로 향한 질문의 위협은 이미 일상화되었다. 생성형 AI의 딥시크 DeepSeek, Chat GPT, 제미나이Gemini 등으로 어떤 배움의 장소나 개발 현장에서 최초로 질문을 던진 사람이 곧 만든 자라는 인식을 하게 했다. 그 분야에 전문가라는 공식이 생긴 것이다.

즉, 방대한 데이터의 제공으로 인간의 질문이 빠르게 해결되며 응답의 깊이까지 갖추고 세련된 탐색으로 심층적인 본질과 유용한 답변까지 제공하는 과정이 기술화되었기 때문이다.

질문의 효과성은 교육, 비즈니스, 상담 등의 환경에 따라 다르게 정의되지만, 공통으로 학습증진, 문제해결 능력 향상, 의사소통 개선, 관계 형성에 매우 효과적이라는 결론이다.

교사의 효과적인 질문 하나는 학생에게 오랫동안 기억되는 고차원적 사고를 준다. 이것은 비판적 사고와 문제해결 능력에 주도권을 갖는다. 많은 설명과 말을 하는 사람보다는 핵심적인 질문을 하는 사람이 의도하는 것을 확장하고 심층적인 학습을 촉진 시키는 주체가 된다.

깨달음의 공간에서 질문을 되살린 순간, 청소년은 '지시받는 인간'에서 '문제를 발견하는 인간'으로 진화된다. 특별히 진로에 대한 문제가 교사의 배려하는 질문으로 해결되었을 때, 교사와 학생의 관계에 영향력은 커진다.

단순사고자의 질문은 사회적 관계 속에서 단순히 반복되는 일들을 해결하는 형태로 사용되고 이해된다. 그들의 일상과 업무적인 갈등 해결의 생각과 질문은 누구나 추측과 예상이 가능하여 쉽게 간파되기 때문에 깊이 생각하지 않아도 되는 무늬의 질문이다.

단순사고자와 관계를 맺고 업무지원을 동반하는 기술사고자는 매우 깊이는 있으나 분명한 틀이 있는 질문들이다. 관련분야에 대한 이론과 결과를 만드는 데 필요한 질문이기 때문이다. 기술사고자는 주로 원인과 결과가 틀에 짜진 소통에 익숙하다. 그 분야에 속해있는 사람들과는 다양한 주제로 기술적 대화는 얼마든지 가능하다. 그러나 관련분야의 틀에서 벗어난 업무나 공감, 유연성을 가진 타인과의 공감대를 요구할 때에는 두꺼운 벽처럼 느껴지는 관점의 한계가 된다. 직장의 일, 국가적 이슈, 가정의 자녀 교육에 대한 부모의 생각 등 일상의 소소한 것에서 직업과 국가관에서도 차이를 갖는다. 당연히 어려운 대화로 흐를 수가 있으며 침묵은 길어진다.

설계사고자의 창의적인 질문은 그들의 업무와 일상에 분명하게 드러난다. 익숙한 것을 낯설게 보고 숨겨진 연결 고리를 찾으며 기존의 가설에 도전하는 메커니즘으로 가득하다. 설계자의 사고는 단순사고자와 기술사고자의 노력과 지원으로 구체화한다.

왜 그 건물의 모양이 휘어있는지?,
왜 이 지역에 이 건물이 꼭 필요한 것인지?

설계자가 하는 본질적인 생각과 질문으로 체계화되어 있으며 모든 과정이 원인과 결과로 정리된 전체사고로 되어 있다. 이런 이유로 단순사고자와 기술자들은 설계자의 핵심 업무에 대한 이유와 원인을 알지 못하는 경우가 많다. 반드시 알 필요도 없으며 모른다고 누가 뭐라고 하지 않고 묻지도 않는다. 그러나 설계자에게는 많은 사람이 질문하고 경청하기를 원한다. 그들이 하는 일은 혁신적인 일이거나 지금의 상황을 바꾸는 일들이기에 추진 과정에서 일어나게 될 예민하고 섬세한 이슈와 미래의 일들에 관한 이야기를 궁금해한다. 전체를 바꾸고 추진하는 과정의 질문과 답을 스스로 완벽하게 빌드업하지 못했다면 답할 수 없다. 그런 이유로 설계사고자는 조직의 학습과 성장을 촉진한다. 현재의 성과로 미래를 예측하며 성장시키는 전략을 질문하고 실행으로 옮긴다.

질문의 주요 효과성은 그룹원의 참여를 독려하고 혁신을 증대시키며 전략적인 방향에 대한 명확성을 확보한다. 이는 단순히 정보를 묻는 것이 아니라. 새로운 가능성을 탐색하도록 사고를 확장한다.

학교의 교사는 학생에게 질문의 효과성을 학습하도록 지도하는 고차원적인 스킬이 필요하다. 일상적인 상황이나 정해진 사실에 도전적인 가설을 융합하여 딴생각을 질문하는 연습을 해보자. 사물의 본질이나 기능의 역발상 또는 부재에 대해 관점을 전환한다. 딴생각으로 만든 유연한 질문이 학습 능력의 혁신적인 변화가 되도록 최적화한다.

질문은 사람이 하고 답은 AI가 말한다

창의 지능적 측면에서의 질문에 대한 개념은 1차적으로 인공지능 시대에 부합하여 AI가 방대한 정보를 처리하고 정답을 제시하는 것이다. AI는 스스로 상상하거나, 무엇을 물어야 할지를 결정할 수 없다. 여전히 그것은 인간의 고유한 통찰력과 창의 지능이다. 창조 주권을 인공지능에 내어주는 일은 없어야 한다. 인간은 원 개념을 생성하는 기능으로 인공지능의 방향키를 조율하고 도구화한다.

2차적으로 AI는 인간이 주는 프롬프트의 요구에 보조개념을 생성하는 도구로 사용한다. 그로 얻는 결과는 유용하게 활용, 품질과 방향을 결정하는 핵심 요소로 적용하는 것도 인간의 몫이다. 새로운 지식이나 혁신을 창출하는 출발점에서 AI의 활용은 혁신적인 지식을 생산하는 촉진제로 지혜와 통찰을 연결한다.

너무나 유명한 질문들

소크라테스 Socrates

과연 우리가 안다고 생각하는 것은 진정으로 알고 있는 것인가?
-이 질문은 끊임없는 자기 성찰과 지식의 본질에 탐구를 촉발했다.

아인슈타인 Albet Einstein

세상이 어떻게 돌아가는지 궁금해하지 않고서는 단 하루도 살 수 없다.
-그의 호기심은 상대성 이론의 발견으로 이어진다.

스티브 잡스 Steve Jobs

만약 오늘이 내 삶이 마지막 날이라면, 오늘 내가 하려고 했던 일을 할 것인가?
-이 질문은 매일의 결정에 의미와 우선순위를 부여했다는 것이다.

마틴 루터 킹 주니어 Martin Luther King

언제까지 정의가 강물처럼 흐를 때까지 기다려야 하는가?
-행동을 촉구하고 사회 변화를 끌어낸 핵심 질문이다.

레오나르도 다 빈치 Leonardo da Vinci

새는 날기 위해 왜 꼬리가 필요한가?
-주변의 모든 것을 관찰하고 그 메커니즘을 파헤치려는 집요한 질문

창의적인 질문의 메커니즘

창의적인 질문은 단순히 정보를 묻는 행위를 넘어 기존의 사고 프레임 Frame을 깨고 새로운 가능성을 탐색하는 지적촉매제이다. 정확한 답을 얻으려는 질문과 달리, 사고의 경계를 확장하고 독창적인 관점을 생성하는 것이 목표이다. 그 핵심 요인은 다음과 같다.

전체 파괴

가장 강력한 창의적 질문의 메커니즘은 오래전부터 제시되어 우리가 당연하다고 여기는 기존의 의미나 문장을 의도적으로 융합하거나 분열하는 시도를 통해 고정관념을 깨는 도전이다. 우리는 대부분 문제 안에 갇혀 해결책을 찾는다. 그러나 창의적 질문은 전체의 프레임을 전환하는 파괴를 통해 새로운 시각을 알게 한다.

이것은 반드시 이래야 해? 이것이 사실이 아니라면 어떨까?

우리가 본능적으로 받아들여 왔던 제약이나 의미를 해체하여 완전히 새로운 해결책이 나올 수 있는 공간을 만든다. 단어와 단어를 융합하거나 분해하면서 만들어지는 질문들, 문장과 문장을 융합하며 하나의 핵심 단어로 생성하는 과정에서 떠오른 연상 질문은 창의 지능을 높인다.

이질적인 요소의 강제적 결합

창의적인 질문은 종종 서로 관련 없어 보이는 두 가지 이상의 개념이나 분야 또는 문제를 해결해야 할 문장 속에서 만들어진다. 수사적인 표현으로 주로 A의 특성을 B에 적용하면 어떨까? 상반되는 X와 Y를 동시에 만족시키는 방법은 무엇일까? 이다.

이런 결합적 질문들은 기존에 보이지 않던 갈등과 문제해결의 아이디어나 시너지 효과, 혁신적인 하이브리드 솔루션을 발견한다. 현재의 제약을 제거하는 동시에 뇌가 자유롭게 상상하도록 유도한다. 현실적인 제약(개념, 전통, 가치) 때문에 억눌려 있던 아이디어를 끌어올린다. 스티브잡스는 '창의성이란 단지 사물을 연결하는 것'이라고 했다. 창의적 질문은 서로 무관해 보이는 두 영역을 강제로 결합한다. 낯선 조합을 통해 혁신적인 유추 Analogy를 끌어올려 보자.

관점의 급진적 전환

니체의 '자라투스트라는 이렇게 말했다'에 등장하는 위버멘쉬는 우리에게 초인(능력자)으로 알려져 있다. 독일어 Ubermensch, 영어로는 Overman이다. 말 그대로 오버하는 사람이다. 세상이 정해놓은 기준을 스스로 뛰어넘고 주어진 모든 고통과 상황을 의지로 극복하면서 지금의 나를 넘어서는 최고의 자신을 꿈꾸는 존재다. 낡은 도덕과 관습을 그대로 따르지 않는다. 대신 새로운 가치를 창조하고 자신만의 법칙을 세워 삶을 주도한다. 어떤 고난에 부딪혀도 스스로 끊임없이 재창조하면서 모든 한계를 과감히 뚫고 나아간다. 자신만의 방식으로 더 높은 곳을 향해 멈추지 않고 도전하는 이가 바로 위버멘쉬이다. 아마도 이런 초인은 자신이 처한 상황이나 문제의 정의를 객관적으로 바라보도록 관점을 급진적으로 전환하는 질문을 사용한다.

100년 후에 사람들은
지금의 이 문제를 어떻게 평가할까?

이 제품을 가장 싫어하는
고객의 관점에서 판매 질문을 만든다면?

평면의 질문에서 벗어나 입체의 관점으로 질문을 만들고 상대의 처지에서 생각해 보는 질문의 적용은 일상의 익숙함에서 벗어나 객관성을 확보하고 문제의 본질이나 잠재된 기회를 입체적으로 파악할 수 있도록 돕는다.

논쟁의 현장에서 만약 평면의 질문에 익숙한 사람을 만난다면 이들은 입체적인 질문을 절대적으로 이해하거나 알아들을 수 없다. 현장에서 이해시키는 것은 더욱 어렵다. 평소에 연상언어 훈련과 상징적인 질문을 루틴으로 연습해야 한다.

경계 조건 확장 및 축소

질문의 범위를 극단적으로 넓히거나 좁혀서 생각하도록 유도하는 질문은 매우 효과적이다. 예를 들면 '이 문제를 완벽하게 해결하는 것이 아니라, 지구상의 모든 문제와 연결 짓는다'라고 묻는 것은 확장의 의미이고 반대로 '이 문제 해결을 위해 단 하나의 자원만 활용한다면'은 축소의 의미가 된다.

결과적으로 인공지능 AI가 정보 탐색과 문제해결의 많은 부분을 대신하는 시대일수록 질문하는 인간의 능력과 역할은 중요하고 본질적인 가치를 갖게 된다. AI는 인간의 질문 수준을 뛰어넘는 답변을 내놓지 않는다. 그런 이유로 단순한 질문은 백과사전식의 버전의 답이 대부분이다.

정답이 없는 질문으로 새로운 문제의 정의와 해결책을 모색하며 아이처럼 끊임없이 '왜?'라고 묻는 과정으로 문제의 본질root cause에 도달하게 된다. 문제의 증상을 치료하는 것이 아니라 원인을 해결하는 해법이 인간의 존재 이유로 증명되어야 한다. 이것이 비판적 사고와 창의적 혁신의 출발점이다. 최종적으로는 우리는 데이터를 기반으로 답을 찾고 학습하지만, 인간만이 할 수 있는 역할, 즉 의미를 부여하고 윤리를 설계하는 일은 여전히 질문하는 인간의 몫이며 '인간이 추구해야 할 궁극적인 가치는 무엇인가?'와 같은 질문으로 방향을 설계하는 고유의 영역과 개념, 가치의 재정의를 만들어야 한다.

딴생각하는 인간

나는 주기적으로 12월에 딴생각을 시작한다. 그 생각은 매년 1월부터 11월까지 열심히 집중했던 일들을 기준으로 한다. 나의 창의적인 생각은 열심히 강의하고 직접 진행한 주제를 연결해서 아이디어를 조금씩 더해보는 형태로 만들어진다. 이 작업은 종종 스트레스가 되기도 하고 매우 흥미로운 작업들로 이어진다. 올해는 책 제목처럼 AI시대, 창의지능이라는 두 개의 단어가 있지만, 이것이 '무엇을 해줄 것인가?'에 딴생각을 연결한다. 무거운 짐처럼 괴롭고 힘든 사고의 시간이 지나면 마음속에서 친절하게도 단어 하나를 떠올려 준다. 그래서 꺼낸 단어가 '다문화'이다.

그동안 집중해서 해보지 않았던 일이면 좋겠다. 내가 하는 일이 1,000년의 세월을 견딜 수 있는 가치 있는 일이면 좋겠다는 마음이다. 사람과 사람이 만나서 새로운 언어로 소통을 하고 공감하는 일이 가벼운 일이면 안 되겠지! 아무리 보잘것없는 사람이라도 그 마음엔 맑은 영혼이 있다. 특히 아이들과 청소년, 청년이라면 더욱 그들이 내게 건네는 말에는 영혼이 있기에 귀를 기울여야 한다는 생각이다.

딴생각을 위한 첫 번째 결정은 전 세계 50여 개국에서 입학하는 중앙대학교 유학생들을 만나는 일이다. 전혀 한국어를 하지 못하는 유학생에서부터 유창하게 잘하는 학생들이 온다. 나는 전혀 한국어를 하지 못하는 학생을 만나면 어떨까 생각한다. 지금까지 긴박한 상황에서 무엇이 문제인지, 뇌에서 어떻게 해야하지? 계속 물어대며 막막한 일에 직면하게 하는 결정은 나로 하여금 딴생각을 하도록 해주었고 해결을 위해 터벅터벅 걷게 해주었다. 2026년 나는 한국어 교사가 되었다.

두 번째 딴생각은 전혀 계획에 없던 결정이다. 매년 진행하는 7~8월 미국강의에 뉴저지에 위치한 UNIVERSITY OF ORANGE에서 창의지능 강의를 진행하는 것이다. 오렌지대학은 흑인 대학생이 다니는 대학교이다. 현재 총장으로 있는 민디 플리러브 Mindy Fullilove 총장과의 맺어질 인연으로 결정했다. 그러나 늘 품고 있는 생각하나는 아프리카 흑인 친구들의 마음속 무늬였다. 그들의 영혼을 생각으로 그려보는 일은 매우 흥미로운 일처럼 기대가 된다.

어릴 적 딴생각하는 시간은 얼마나 달콤하고 즐거운 순간이던가. 일상에 일어나는 일과 문제로 압박을 받을 때, 숨을 쉬게 하고 미소 짓게 하는 것이 딴생각이다. 우리 뇌는 끊임없이 소음을 만든다.

특정 부위의 영역은 늘 공상에 빠져있고 미래를 걱정하고 자신도 모르는 자아와 대화를 나누는 등 무의식의 원시인과 대화한다. 하루 중 눈뜨고 있는 47%는 딴생각, 마음 방황 mind wandering을 한다. 이 현상은 종종 논리적인 생각과 이성적인 판단을 방해하는 불안이나 우울증, 광기로 표현된다.

이런 무질서함 속에 숨어있는 경이로운 에너지는 딴생각의 그림자와 함께 숨 쉬고 있다. 그러나 우리의 부모와 교사는 딴생각을 쓸데없는 행동으로 여겨 책망하고 벌점을 주는 요인으로 삼았다. 심하면 병리적인 현상으로 해석하여 문제아로 인식하는 심각한 아픔을 준다고 믿었다.

그러나 세상이 변했다. 그동안 해오던 단편적인 생각을 멈추고 숨을 깊게 고른다. 내 생각의 주인이 되어 천천히 자신을 다스리는 법을 배운다. 생각하는 법을 잃지 않기 위해 애쓰는 일은 항상 오래 걸린다. 이제는 학교나 회사에서 딴생각을 요구하기 시작하며 그 생각에 몰입하라고 시간을 준다. 소소한 생각들이 혁신은 대부분을 만들고 딴생각의 조각들을 잘 융합해야 좋은 아이디어로 생성된다는 것을 알아야 한다.

이젠, 시간을 줘도 못 하는 딴생각

딴생각은 단순히 집중하지 못하는 상태를 넘어, 인간의 사고와 인지, 사회적 역할에서 다양한 의미와 강점, 그리고 필요성을 갖는다. 틀에 박힌 생각과 혁신적이거나 호기심을 유발하지 못하는 보편적인 생각은 이제 어디에서건 누구나 쉽게 인공지능이 알려주고 제공한다.

딴생각은 항상 창의적인 관점으로 나의 영감에 저장된다. 뇌가 자유의지를 가지고 정보를 조합하고 연결하는 데 확산적인 개발성을 유지해 생각을 재미있고, 임팩트하게 만든다. 떠오른 아이디어는 노트에 이미지언어(낙서)로 기록한다.

아프리카 마사카의 빈민가 거리에 버려진 아이들, 폭력에 견디지 못하고 집을 나온 아이들이 함께 모여 생활하는 집이 있다. 모두가 조롱하고 문제아로 바라보던 아이들이 어느 날 크게 들리는 음악 소리에 반응하며 딴생각을 하기 시작한다. 스피커를 설치하고 리듬에 몸을 움직이며 아이들의 생각과 감정, 행동이 의미를 품고 살아나기 시작한다. 삐뚤어진 생각과 마음으로 삶을 되는대로 살겠다던 아이들에게 조금씩 변화가 오기 시작한다. 코로나로 인해 많은 사람이 건강과 가족과 직장을 잃고 슬퍼하는 것에 사랑을 나누는 춤을 춘다. 수백만 명이 보는 유튜브와 인스타그램에서 이미 아이들은 940만 팔로워를 이끄는 영향력자가 되었다. 어린이 댄스 그룹 <마사카 키즈 아프리카나>는 니켈로이언 키즈 초이스 어워드 후보로 올라 세계를 향해 우간다의 이름을 알린다. 아이들은 딴생각을 통해 스스로 처한 환경을 바꾸는 딴짓으로 세상을 놀라게 하고 있다.

출처 : NETFLIX 마사카 키즈, 그 안의 리듬

혁신과 문제해결 능력을 강화하고 기존의 사고방식에서 벗어난 독창적인 아이디어를 생성하는 원천은 특히 예술, 과학, 디자인 분야의 돌파구를 찾는 데 폭발적인 효과성을 갖는다.

아르케Arche 창의 지능에서 보는 딴생각은 추상적인 이미지를 활용한 연상언어 능력을 감각적으로 극대화하는 것이다. 직접 만든 이미지에서 다른 생각을 연결하거나 혹은 서로 다른 무관해 보이는 두 개의 이미지를 융합하여 새로운 패턴의 의미를 생각으로 만든다.

연상언어 매체로 이미지를 사용하기 때문에 학습자의 심리적인 관점과 심상이 대부분 그 안에 들어있다. 결국, 자신의 독창적인 마음속 무늬가 딴생각으로 자신의 스타일이 된다.

현실 세계를 떠나지 않고도 딴생각은 정신적인 리허설을 통해 어려운 상황에 대비하고 감정을 정리할 수 있도록 자기 인식을 높여준다. 이미지는 그 사람의 심상이기 때문에 현실의 억압이나 압박에서 잠시 벗어나 스트레스를 해소하고 심리적 거리를 확보할 수 있는 쉼이 되기도 한다. 단순히 집중력이 흐트러진 상태가 아니라 새롭고 독창적인 아이디어를 촉진하는 심리적 과정이 된다. 이는 뇌의 특정 신경망 활동과 깊은 관련이 있다.

2001년 미국의 신경과학자 마커스 라이클Marchs Raichle박사는 사람들이 아무런 생각 없이 멍하니 있을 때, 즉 휴식 상태에 있을 때 오히려 뇌의 특정 부위(디폴트 모드 네트워크DMN)가 활발하게 작동한다는 사실을 발견했다. DMN은 외부 자극에 대한 반응이 줄어들고 내적 사고, 자아 성찰, 미래 계획, 사회성 및 감정처리와 관련된 기능을 수행한다. 그러나 우리의 일상은 잠시도 딴생각을 하도록 여유를 주지 않는다. 잠시도 머뭇거리지 않고 핸드폰을 보며 이런저런 의미 없는 데이터와 뉴스, 정보들을 찾고 검색하며 읽는 행위를 반복한다. 그런 상태는 전혀 뇌를 활성화하지 않는다. 검색한 데이터를 읽고 카피하거나 잊어버리는 기능만을 반복할 뿐이다.

딴생각이 들어갈 기다림은 우리에게 멈춤을 요구한다

딴생각은 기다림이나 지루함과 연결되어 있다. 지루함을 버티는 대신 아이디어로 탈출하도록 돕는 일을 한다. 현재의 정보와 상황에서 새로운 의미의 조합을 만드는 과정이 된다.

1955년 디즈니가 캘리포니아 애너하임에 디즈니월드의 첫 번째 테마파크를 열었을 때, 줄서기에 대한 심리학의 새로운 시대를 열어주었다. 초창기 디즈니월드의 매직 킹덤엔 모든 경험이 줄을 서는 것으로 시작해서 끝이 났다. 음식을 위한 줄이든, 놀이기구를 위한 줄이든, 화장실을 위한 줄이든 기다림은 찌는듯한 더위에 더 길게 느껴진다. 시간이 더 빨리 지나가는 것처럼 여러 아이디어로 줄 선 사람들의 경험을 변화시켜 주는 딴생각을 한다. 구불구불한 대기길, 패스트패스 시스템, 끊임없는 이메지니어링을 아이디어로 기다림과 지루함에 기술을 적용한다.

그러나 인간의 지루함은 가려움증과 닮아있다. 요즘 아이들은 놀이기구를 타기 위해 대기하는 시간에 호출기를 쥐고 다른 공간에서 즐겁게 뛰어논다. 지금의 기다림은 예전과 달라졌다. 기다림의 경험에 더 많은 딴생각이 적용되기를 기대한다. 그 시간에 스마트폰을 들고 이메일을 확인하거나 친구에게 문자를 보내거나 게임을 즐긴다. 틈새 시간에 거의 모든 순간이 오락이나 의사소통으로 채워졌다. 기다림이 사라진 세상인 것처럼 느껴진다. 기차, 전신, 전화, 비행기, 컴퓨터와 같은 새로운 기술은 빠른 속도만큼이나 낭비되는 시간과 딴생각의 여유를 허락하지 않는다.

내게 기다림에 대한 개인적인 경험은 독특한 것이고 기다림에 대처하는 방식은 나만의 선택이어야 한다. 딴생각으로 프로그래밍할 수 있는 좋은 도구이다. 이것마저 AI나 정교한 알고리즘으로 대체되지 않기를 기대한다.

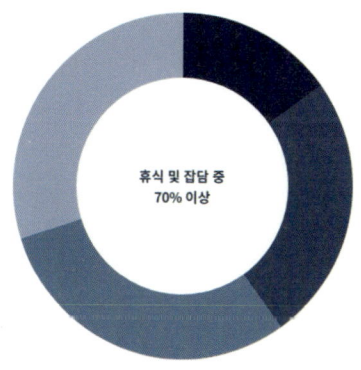

창의적인 아이디어가 떠오르는 순간

작가 프랭크 파트노이[4]는 "동물과 달리 인간은 멈춤으로써 프로그램된 반응을 무마할 수 있다."라고 말했다. 기다림의 방식이 인간을 다른

---

4) 샌디에이고 대학 법학·경제학 교수이자 세계적인 금융분석가

동물이나 기계와 구분해 주는 쉼을 주고 에너지를 충전하는 딴생각과 닮았다는 것이다.

아무런 생각 없이 멍한 상태로 딴생각을 사용하기도 하지만, 하찮고 쓸모가 적어 파편적으로 저장되어 있던 지식과 경험을 선택적으로 결합하고 새로운 방식으로 연결하여 통찰력을 얻는 창의 지능으로 활용한다.

딴생각의 역할은 의식적인 노력이나 특정 과제에 집중할 때보다 폭발적인 확산적 사고를 촉발한다. 다양한 아이디어가 무작위로 떠오르고 기존의 고정관념에서 벗어나는 유연성을 준다. 이 과정에서 집중(융합)과 미집중(분열)의 리듬을 적절히 활용하면 생산성과 창의성이 극대화된다. 이런 실제적인 활동은 부록에 담은 <아르케 루틴만들기>에서 자세히 소개한다.

창의 지능의 관점에서 딴생각은 인간의 심리와 연결되어 뇌가 정보를 재구성하고 통합하는 과정을 거친다. 비효율적인 행동이 아니라, 오히려 뇌에 필요한 휴식을 제공하고 뇌의 에너지 공간을 확보하게 해주며 창의적인 통찰과 호기심이 들어갈 빈자리를 만드는 것으로 정신적 충전 및 준비 과정이다. 찰스 다윈이나 아인슈타인 같은 역사적 위인들도 이런 '멍때리기' 시간을 적극적으로 활용했다는 사실이 이를 뒷받침한다.

최근 파워 독서로 활동 중인 젊은 작가들은 기발한 아이디어가 목마를 때, 집중하지 말고 딴짓을 해보라고 주문한다. 꾸물거리며 집중하지 않는 행동은 뇌를 준비, 충전, 휴식시키는 과정이다.

산만한 '비집중 회로'는 뇌의 다리 역할을 하여 연상과 독창성을 발달시키고 즉흥적 사고를 증진한다고 설득한다. 이를 위해 10분간 취하는 낮잠은 두뇌의 청소 작업이며 가끔은 늘 하던 방법에서 벗어나 딴길로 가보라고 보내는 행동이다.

딴생각은 결국 딴짓과 결합해야 시너지효과가 난다. 공상이나 망상적인, 현실과 동떨어진 생각만으로 끝이 난다면 그것은 정말 쓸데없는 공상이 된다. 현실에서 자신이 집중하고 있는 목표에 영양분을 줄 수 있는 딴생각으로 관심 있는 일들에 아이디어를 다듬고 실천하는 행동으로 만들면 좋은 결과를 만들 수 있다.

　스리니 필레이[5]의 '멍 때리기의 기적'은 가벼운 책이라는 선입견을 심어줄 수 있지만, 인간의 집중력을 최고의 능력으로 정리해 주는 색다른 관점의 책으로 비집중력의 가치를 조명한다. 딴생각을 허락하는 순간, 지시형 인간에서 발명형 인간으로 움직인다. 루틴 팁 하나는 하나의 단어나 현상, 깨달음, 발견으로 10가지의 딴생각을 떠올려 보고 이후 AI에도 '엉뚱한 연결'을 요구하는 프롬프트를 적용해 비교한다.

딴생각을 만드는 공식

---

5) Srini Pillay 하버드대 정신과 의사, 뇌 영상 연구자, 기술혁신가

낙서하는 인간

 내 낙서의 주요 재료는 직선, 곡선, 도형이다. 물론 내 낙서도 중요하지만, 주로 나는 상대방에게 낙서를 요구한다. 그렇게 그려진 낙서이미지로 뜬금없는 토론과 생각의 주고받음으로 그 안에서 무엇인가 찾는 작업이 재미있다.

 천천히 이렇게 저렇게 방향을 바꿔가며 낙서를 보고 있으면 신기하게도 그 안에서 어느 순간 무엇인가 떠올려 준다. 새벽 공기가 하나의 마음을 숨기고 아직 빛을 드러내기 전, 천천히 번져오는 느낌처럼 신선하고 새롭다.

 때로 낙서는 내게 복잡한 마음으로 다가온다. 그러다가 어느 때 갑자기 명쾌한 정답을 알게 해주는 마술처럼 변한다. 촘촘히 응축되어 있는 마음속 생각을 부드럽고 긴 호흡으로 풀어주는 배려같이 세심하다.

 처음 낙서는 마음껏 별다른 생각 없이 그렸다. '이 낙서가 무엇을 줄 수 있을까?' 계속 묻고 생각했다. 낙서를 한동안 계속 바라본다. 보고 있으면 아무런 규칙도 없고 형태도 복잡한 이미지가 살아나기 시작한다. 떠올린 대부분의 생각들은 별다른 의미가 없는 나의 옛생각들이다. 그러나 이 생각이 어떤 단어와 연결되느냐가 딴생각을 유발하고 그것으로 재미란 것을 만들게 해주었다.

 신기하게도 그 이야기는 긴 시간이 잊히지 않고 오랫동안 기억하게 해주었다. 그 생각을 만든 아이가 중학생에서 고등학생, 대학생을 지나 사회인이 되었다.

 낙서는 호흡이 긴 생각과 지혜를 준다는 확신이 든다. 최근 인공지능으로 인간의 생각하는 능력이 퇴화하고 있다는 말을 한다. 낙서는 친한 친구와 이야기하며 거리를 산책하는 것과 같다. 잠시 멈춰 자연과 벗하는 시간, 그 순간들이 쌓이면서 지혜가 되고 사랑이 되고 행복이 된다. 이것은 내 교육철학에 중요한 의미가 된다.

 너무나 빠른 AI시대에 창의 지능은 느린 걸음으로 걸어야 한다. 무엇인가 보지 않고 빨리 걸어버린 걸음에는 행복한 기억이 저장되지 않는다.

이런 낙서의 의미와 가치가 아니라면,
1,000년 동안 살아남을 유산이 되지 못한다.

낙서는 한국 교육에 반하는 행동 중 하나이다. 깨끗한 필기로 정리된 노트는 칭찬받고 낙서는 꾸지람을 듣기에 금지한다. '출입 금지'란 표시판 다음으로 많이 본 '낙서 금지' 그러나 창의 지능은 머릿속 이미지를 시각화하는 낙서능력에서 시작점을 본다.

낙서는 주의가 산만한 사람들이 하는 행동이 아니라 '사고의 외화(外化)'이다. 구글과 테슬라 등 창의적 기업은 스케치와 낙서를 매우 중요한 업무의 핵심으로 활용한다.

구글의 웹디자이너 데니스 황은 초창기 멤버이자 구글 로고에 디자인을 입히는 구글 두들러Googler Doodler라는 직업을 전 세계에 알린 인물이다. 그는 현재 구글의 인터랙티브 시각 효과 및 사용자 경험 디자인 분야에 중요한 역할을 담당한다. 복잡한 예술 작품보다는 사용자에게 친근감과 즐거움을 주는 공감 디자인을 지향한다.

데니스 황은 낙서Doodle가 단순히 장난스러운 그림이 아니라, 강력한 소통의 도구이자 창의성의 원천이라고 강조한다. 딱딱한 IT기업의 로고를 매번 바꾸는 것은 당시 마케팅 관점에서는 금기시되는 일이었다. 하지만 그는 낙서를 통해 구글이 유머 감각이 있고, 살아있는 생명체 같은 회사라는 인상을 심어주는 데 성공했다. 딴생각과 낙서를 통해 좋은 모델을 보여주었다. 완벽함과 섬세함이 정석인 기업 로고의 디자인 작업에서 벗어나 창의 지능을 마음껏 발휘한 것이다. 낙서는 정교한 설계도와는 다르다. 낙서의 강점은 완벽하지 않아도 된다는 자유로움이 있다. 부담 없이 펜을 움직일 때, 가장 기발하고 창의적인 아이디어가 생명력을 가지고 살아 숨쉬며 탄생한다. 특정 국가의 기념일이나 역사적 인물을 낙서로 표현함으로 '구글이 우리의 문화를 이해하고 있구나'하는 유대감과 공감의 텍스트로 강력한 시각언어의 힘을 보여주었다.

이미지직면(직선) - 개념조합(연상) - 아이디어(확장)

chat GPT AI 기반 디지털아트(이미지재정의 개발)

어린 나이일수록 낙서에 익숙해지면 뇌 안의 지식 구조가 선명해진다. 추상적인 개념이 이성적인 사고의 이미지로 바뀐다면 독창적이며 깊이 있는 아이디어와 개념을 구체적으로 정리하게 된다.

우리 교육은 많은 변화가 있으나 아직도 교사가 준비한 수업내용 그대로 노트필기로 저장하는 교육을 받고 <메모=기록>, <낙서스케치=방해>라고 알게 한다. 그러나 이제 방대한 텍스트도 마음만 먹으면 마음껏 제공되는 인공지능기술이 있다. 만약 정확한 텍스트 정리에 비규칙 언어의 요약이 가능하고 문제의 구조를 스케치로 인식하여 아이디어를 즉시 이미지화하는 낙서로 자유롭게 활용한다면 청소년은 주입형 사고에서 설계형 사고의 인간으로 변화할 것이다.

한국 교육은 빠른 인공지능 시대를 맞이하며 딴생각으로 질문하고 낙서하는 인간이 시급히 필요하게 되었다. 모두가 인정하는 이유는 인공지능 시대가 암기형 인간을 즉시 대체하기 때문이다. 대체되지 않는 고유한 창의 지능이 강력한 경쟁력이 되었다.

마무리하며 질문하는 인간, 딴생각하는 인간, 낙서하는 인간의 사고를 갖기 위해 우리를 위협하는 환경에 직면하여 동기부여를 지속해서 자극하는 창의 지능의 근육을 만들기 바란다. 더 강력한 인간의 고유함을 연결하는 방법이 무엇인지 찾아야 한다.

한국의 창의 지수는 OECD 국가 중 최하위권이다. 반대로 OECD 학습 시간은 1위이며 학습에 흥미는 역시 최하위이다. 내가 하는 것이 아니라, 시킨 것을 하거나 남의 것을 복사copy하는 교육이 원인이다. 억눌린 3가지의 요소가 모두 금지된 환경에 당연한 결과이다. 이제 스스로 내 배움을 주도하는 학습의 출발점이 필요하다. 모두가 같은 방법으로 공부하면 변별력은 사라진다. 생각의 독창성 차원에서 질문과 딴생각과 낙서는 유리한 무기이다.

향후 미래 직업은 70%가 비정형 문제를 탁월하게 해결하는 전문가들이다. 그 능력을 요구하는 업무와 기업은 증가할 것이다. 딴생각과 질문, 낙서는 비규칙적 언어로 비정형 문제해결에 사용하는 도구이기에 지금의 교육정책에 적극적으로 반영해야 한다. '교실 내부의 작은 변화'로 충분히 시작이 가능한 창의 지능의 3가지 <고차사고 7DAY 루틴 만들기>의 실천법이 선용 되기를 기대한다.

휴먼임팩트 구조정리

* 한국 교육은 청소년에게 생각하는 방법을 빼앗았다.
* 질문·딴생각·낙서의 '작은 루틴'을 일상에서 회복시키면
* 아이들은 스스로 생각하는 인간으로 깨어난다.
* AI 시대의 인간성은 바로 여기서 차별성이 생긴다.
* 이 변화는 한 명의 청소년에게서 시작해
* 교실 전체의 창의적 분위기를 바꾸고
* 결국, 사회 전체에 창의 지능 연상 역량을 퍼뜨린다.
    → 이것이 휴먼임팩트(사람에서 사람으로 이어지는 변화)

레오나르도 다빈치(Leonardo da Vinci)의 낙서

"낙서하는 인간의 정점, 관찰의 마술사"

다빈치는 인류 역사상 가장 유명한 '메모광'이자 '낙서가'이다. 그의 수만 페이지에 달하는 코덱스(노트)에는 해부학 도해, 비행 기계 설계도, 요리 레시피가 뒤섞여 있다.

창의 지능으로써의 낙서역량은 통합적 사고를 시각화로 단순히 그림을 그린 것이 아니라, 눈에 보이는 현상의 원리를 이해하기 위해 끊임없이 낙서하듯 기록하며 예술과 과학의 경계를 허무는 고차원적 사고가 담긴 지혜의 보물창고이다. 이것은 정교한 완성품보다 모호한 생각을 시각적으로 붙잡아 두는 습관이 핵심이다.

#다빈치_모든 관찰을 기록하라!

레오나르도 다빈치의 천재성은 완성된 작품보다 그의 '코덱스(노트)' 속에 담긴 무수한 낙서와 관찰 기록에서 나온다. 눈에 보이는 것 너머의 원리를 이해하기 위해 끊임없이 손을 움직인다.

다빈치의 '낙서하는 인간(Homo Scribbler)'의 관점으로 일상에서 습득할 수 있는 창의 지능 루틴 만들기를 정리해 보자.

> 🎨 다빈치 스타일의 낙서와 관찰 7일 루틴
> 이 루틴의 핵심은 '잘 그리려고 하지 않는 것'이다.
> 오직 관찰하고, 손으로 그 감각을 옮기는 데 집중한다.

Day 1: 미세 관찰 (The Power of Detail)

미션: 주변의 아주 작은 사물 하나를 정합니다.
예 : 나뭇잎, 연필, 손가락 마디 등

실천: 5분 동안 그 사물의 표면 질감, 미세한 주름, 빛이 맺히는 지점을 관찰하고 낙서하듯 기록하세요.

핵심: 사물의 '이름'이 아니라 '형태의 디테일'을 선으로 따라가는 연습입니다.

Day 2: 흐름과 에너지 (Capturing Motion)

미션: 움직이는 대상을 찾습니다. 예 : 컵에 따르는 물, 바람에 흔들리는 커튼, 산책하는 강아지

실천: 대상의 형태가 아니라 '움직임의 궤적'을 거친 선으로 빠르게 그려보세요.

핵심: 정지된 화면이 아닌 '에너지의 흐름'을 포착하는 감각을 깨웁니다.

Day 3: 이질적 결합 (Analogical Thinking)

미션: 전혀 상관없는 두 가지 사물을 관찰합니다.
(예: 선풍기와 꽃, 안경과 자전거)

실천: 두 사물의 공통점을 찾아 낙서로 연결해 보세요.
(예: 꽃잎의 배치와 선풍기 날개의 각도 비교)

핵심: 다빈치가 새의 날개에서 비행기를 떠올렸듯, 유추(Analogy)를 통해 사고를 확장합니다.

Day 4: 구조적 해부 (The Engineer's Eye)

미션: 매일 쓰는 도구를 고릅니다.
예 : 볼펜, 스마트폰 케이스, 가위 등

실천: 이 물건이 어떻게 작동하는지 '속 구조'를 상상해서 그려보세요. (투시도 그리듯 낙서하기)

핵심: 겉모습 너머의 기능적 원리를 시각적으로 추론하는 힘을 기릅니다.

Day 5: 감각의 전이 (Sensory Scribbling)

미션: 지금 들리는 소리나 먹고 있는 음식의 맛을 정한다.

실천: '소리'나 '맛'을 형상으로 표현한다면 어떤 모양일지 낙서해 보세요. (뾰족한 선, 뭉글뭉글한 원 등)

핵심: 공감각적 사고를 통해 뇌의 서로 다른 영역을 자극합니다.

Day 6: 질문의 시각화 (Visual Questioning)

미션: 요즘 머릿속을 떠나지 않는 고민이나 질문을 하나 떠올립니다.

실천: 글자로 적지 말고, 그 고민의 구조를 '마인드맵이나 기호'를 섞어 낙서로 풀어보세요.

핵심: 복잡한 생각을 시각적으로 단순화하여 문제의 본질을 파악합니다.

Day 7: 나의 코덱스 완성 (The Master Synthesis)

미션: 지난 6일간의 낙서를 살펴 훑어봅니다.

실천: 가장 흥미로웠던 낙서 옆에 "왜(Why)?"라는 질문을 3개씩 적어보세요.

핵심: 낙서(실행)를 질문(통찰)으로 변환하여 자기만의 지식 체계를 만듭니다.

💡 실천을 위한 팁

"준비물은 낡은 노트와 볼펜 한 자루면 충분하다." 다빈치는 종이가 귀하던 시절에도 여백이 없을 정도로 빽빽하게 낙서했다. 완벽주의를 버리고 '손이 생각하게 하는 시간'을 하루 10분만 갖자.

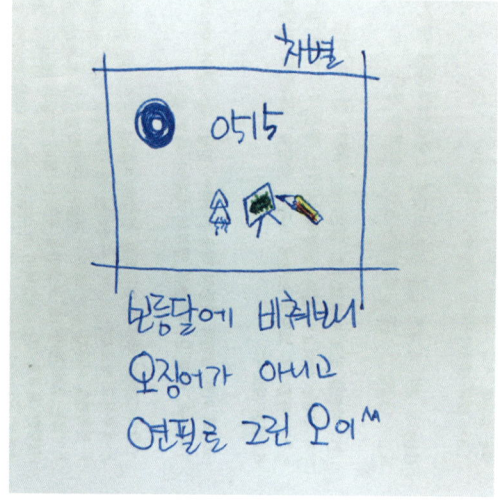

낙서는 뇌를 깨어 있게 하여
기억 회상률 29% 향상시킨다.
-재키 안드레이드 교수

창의 지능의 인간형 키워드

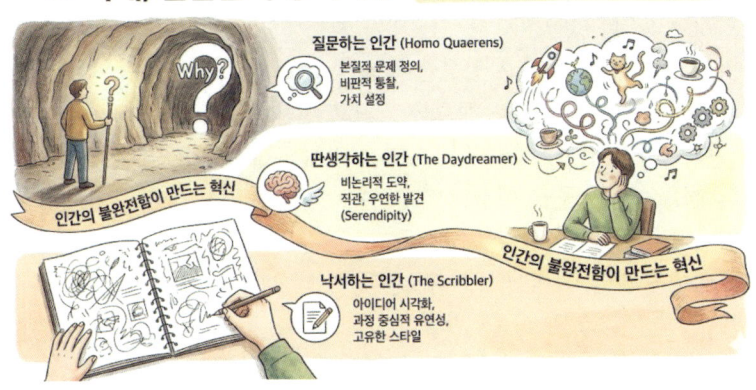

AI 시대, 인간만의 창의지능: 질문, 딴생각, 낙서의 힘

질문하는 인간 (Homo Quaerens)
본질적 문제 정의,
비판적 통찰,
가치 설정

딴생각하는 인간 (The Daydreamer)
비논리적 도약,
직관, 우연한 발견
(Serendipity)

인간의 불완전함이 만드는 혁신

낙서하는 인간 (The Scribbler)
아이디어 시각화,
과정 중심적 유연성,
고유한 스타일

인간의 불완전함이 만드는 혁신

질문하는 인간은 탐구의 재발명을 촉발한다!

창의 지능의 <질문과 딴생각, 낙서하는 인간>의 요소는 강력하지만, 현실의 실행력과 측정 가능성을 보완해야 한다. 첫째는 창의 지능에 대한 기본적인 실천 내용을 정리하고 둘째는 단계별 학습 교안과 교구 및 코칭의 기술을 지도할 전문가 교육과정의 진행이며 셋째는 한국 교육의 본질적인 문제 제기 및 정리를 통해 효율성을 높이는 것이다.

왜 한국 학생은 질문하지 않는가?

단순히 두려워서가 아니라 더 구조적인 이유는 초, 중, 고등학교 어디에서도 질문의 언어를 배운 적이 없기 때문이다. '궁금한 거 있어?'라는 질문에 '없어요'라고 답하는 이유는 두려움이 아니라, 질문의 구성 능력이 부족하기 때문이다.

질문은 본능적으로 마음에서 감정처럼 튀어나오는 것이 아니라, 점진적이며 체계화된 학습 기술이다. 이론과 교육내용의 원인과 결과를 정확하게 이해하고 인지했을 때, 내 사고와의 차이점과 호기심이 유발되어 고차원적인 질문을 하는 것이고 진정한 배움의 깨달음이 온다.

수업이 끝나기 1~2분 정도를 남기고 질문 있나요? 하는 것은 상황을 등떠미는 것밖에 되지 않는다. 수업을 마치고 모두 쉬거나 집에 가야 할 상황에서 누가 질문을 하겠는가! 50분 수업에서 교사의 설명 40분, 문제 풀이 10분으로 끝이 난다.

질문은 배움의 여백에서 나오는데, 여백 자체가 없다. 아쉬운 것은 최근에 이런 인식으로 질문시간을 주는 교사가 늘어나지만, 아이들은 수업과 동떨어진 수준 낮은 질문으로 의미를 찾지 못한다.

이제 질문을 일상의 운동처럼 근육을 단련하듯이 하루에 보고 듣고 경험하는 모든 것을 '질문 일기장'에 적으며 반복하는 루틴 훈련을 한다. 예를 들면 매일 하나의 개념에 대해 왜 3번, 만약 3번, 어떻게 3번으로 질문하고 답을 생각해 본다.

> 왜1 왜 삼각형의 비율이 각도를 결정하나?
> 왜2 왜 SIN은 높이이고 COS는 밑변인가?
> 왜3 왜 삼각함수는 주기함수인가?
>
> 만약1 만약 원이 아니라 타원이었다면?
> 만약2 만약 3차원 공간에서는?
> 만약3 만약 각도가 음수라면?

측정 가능한 지표는 간단하다. 이를 위해 하루에 질문 3개씩(생각질문 1개, 감정질문 1개, 행동질문 1개) 3가지 유형으로 만들고 3개월 후 깊이와 변화를 추적했다.

어떤 학습과 루틴이건 혼자 하는 것은 지속성과 발전성에서 한계가 있다. 궁금한 것이나 공통의 주제는 함께 논의하고 질문하며 공유하는 파트너나 소그룹 공동체가 필요하다. 상대방이 '아 그건 내가 생각 못 했던 거네'하는 반응의 개수를 체크한다.

교사는 교실 뒤편에 질문 게시판을 운영하여 이번 주 최고의 질문을 개시하고 친구들과 공유하게 하며 다양한 분야의 질문이 후보군으로 올라오고 학생들이 스티커나 투표로 선정하고 선정된 질문은 토론 시간을 따로 갖거나 다음 수업 시간에 도입부로 활용하는 것도 좋은 과정이 된다.

세종대왕 (King Sejong the Great)
"질문하는 인간, 공감 기반의 솔루션 설계자"

세종대왕은 "왜 백성들은 자기 뜻을 글로 전하지 못해 억울한 일을 당하는가?"라는 공감 섞인 질문에서 한글 창제를 시작했다. 기존의 한자 체계를 따르는 대신, 백성의 편의를 최우선으로 둔 완전히 새로운 언어 모델을 설계했다.

*창의 지능의 핵심 : 사용자 중심의 창의성. 그는 권위적인 지식 전달자가 아닌, 사회적 약자의 문제를 해결하려는 '디자인 씽커'의 면모를 보여주었다.

*교훈 : 진정한 창의성은 타인에 대한 깊은 공감과 "왜?"라는 질문에서 시작된다.

딴생각하는 인간은 확산의 재발명이다!

교육과 관련된 인식 중에 <집중=학습>은 산업사회에서 적용되었던 것
으로 이제는 벗어나야 할 관점이다. 공장이나 기술 기반의 공간 속에서 효
과성을 만드는 사용된 교육모델이다. 모든 학생이 같은 속도로 같은 방향
을 봐야 효율성이 높아지는 것이 본질이다. 하지만 창의 지성은 기존의 예
정된 경로에서 이탈하는 것에서 시작하는 경우가 많다.

딴생각은 왜 금지되었나?

한국 교육의 획일화된 경쟁 중심의 교육시스템은 성취 지향적인 사회문
화에서 비롯된 것으로 볼 수 있다. 명시적인 법률이나 규정으로 딴생각을
금지한다기보다는 환경적인 압력으로 인해 개개인의 창의적이고 자유로운
생각이 위축되는 현상으로 이해된다.

그러나 아직도 한국 사회는 학력과 학벌이 여전히 높은 사회적 지지와
경제적 성공의 중요한 결정요인으로 여겨진다. 학생들은 유치원부터 대학
입시까지 이어진 고강도 경쟁환경에 놓여 있다. 여기에 사교육비 지출은
세계적으로 높은 순위를 매년 차지했다.

며칠 전 연구소에 노부부가 수줍은 듯 문을 두드리며 들어왔다. "안녕하
세요?" "도와드릴 일이 있을까요?" "무엇이 궁금하세요?" 물었다.

노부부는 "우리 손자가 말이 조금 느린데, 검사나 테스팅, 진단을 받고
원인을 치료할 학습 방법이 있을까요?" 묻는다. 노부부의 변은 "코로나 시
기에 소통과 관계성을 갖지 못해 말을 잘하지 못한다."라고 말했다. 그런
데 손자는 이제 4살이란다.

늘 문제는 <정해진 답>을 학습의 핵심 내용으로 정하고 이를 정확하고 빠르게 찾는 집중 능력을 최우선시하는 것이다. 정해진 교과 내용 외에 개인적인 생각이나 궁금증은 시간 낭비와 집중력 저하로 여겨온 인식이다. 외워야 할 것은 많고 또 암기 위주의 시험을 보니 이것을 모두 학생의 잘못으로 말하기는 어렵다. 스스로 탐구하고 비판적 사고를 딴생각으로 적용하는 환경을 만들지 못한 우리 모두의 문제이다.

교육 당국의 권위주의적 교육문화의 영향으로 교사가 학생의 행동이나 사고를 통제하고 사회적 압력과 효율성 중심의 교육으로 만드는 '입시 성공'의 단일목표는 지금의 시대정신에 맞는 리더로 충족시킬 수 없다.

문제 해결을 위한 창의적 아이디어는 딴생각으로 떠오를 때, 그 순간을 그리고 저장할 수 있는 습관이다.

딴생각의 찰나를 마음에 찍어라!

일상에서 떠오른 생각을 노트에 즉시 메모한다.
메모한 내용을 하나의 핵심 단어로 정리한다.
하나의 핵심 단어를 연상그림 3개로 그린다.
연상된 3개의 이미지를 하나의 문장으로 정리한다.

정리된 문장이 내 일상에 어떻게 작용하는지,
짧은 내 생각을 정리하는 글쓰기(칼럼, 에세이)를 한다.

핵심단어 : #수사적문장 #찰나 #칼럼 #융합문장

알베르트 아인슈타인 (Albert Einstein)
"딴생각하는 인간의 승리, 사고실험의 대가"

아인슈타인은 복잡한 수식보다 '사고실험(Thought Experiment)'이라는 일종의 거대한 '딴생각'을 통해 상대성 이론을 정립했다. "빛과 함께 달리면 세상은 어떻게 보일까?" 같은 엉뚱한 상상이 출발점이었다.

*창의 지능의 핵심 : 비선형적 직관. 그는 논리에 갇히지 않고 자유로운 상상을 통해 물리 법칙의 본질을 꿰뚫어 보았다.

*교훈 : 생산적인 딴생각은 고정관념을 깨고 거대한 진리에 도달하는 지름길이 된다.

스티브 잡스 (Steve Jobs)
"소통과 합성이 만든 혁신, 인문학적 기술자"

잡스는 기술 그 자체보다 '기술과 인문학의 교차점'에 집중했다. 그는 서체 수업(낙서와 디자인의 영역)에서 얻은 영감을 컴퓨터 인터페이스에 적용하고, 복잡한 기기를 직관적인 언어로 소통하게 했다.

*창의 지능의 핵심: 연결적 사고(Synthesizing). 그는 "창의성이란? 단지 사물들을 연결하는 것"이라고 말하며, 흩어져 있던 요소들을 모아 스마트폰이라는 새로운 생태계를 창조했다.

교훈: 창의 지능은 무에서 유를 만드는 것이 아니라, 기존의 것들을 매력적으로 엮어내는 소통 능력이다.

낙서하는 인간은 시각화의 재발견이다!

"수업 필기한 노트 보여줄 수 있니?" 깨끗하게 잘 정리된 노트를 보면 왠지 수업을 잘 이해하였고 공부를 잘하는 학생이고 무엇보다도 성실함을 보증받는 착각을 한다. 실제로는 자신만의 사고에 대한 과정과 흐름이 흔적으로 적혀 있어야 학습의 증거가 된다. 그런 측면에서 낙서는 문제가 아니라, 뇌가 나만의 개념을 처리하는 방식 중 하나이다.

낙서를 학습화하는 루틴만들기!

연상개념 작성 스케치북 활용
매일 배운 개념을 이미지 하나로 표현
글자 사용을 최소화하고 도형, 화살표, 색깔 사용

<측정지표>
일주일에 이미지 스케치 7개
한 달 후 스케치만 보고 개념 복원이 가능한 비율체크

시각언어를 공유하고 활용하기
말 대신에 이미지를 활용하여 설명하기
상대방이 이해할 때까지 스케치 수정하기
팀 전체가 합의한 우리의 시각언어 공유하기

창의 지능의 아카이브archive

질문하는 인간

|

딴생각하는 인간

|

낙서하는 인간

연상사고유형 테스팅

연상언어키트

|

창의지능역량

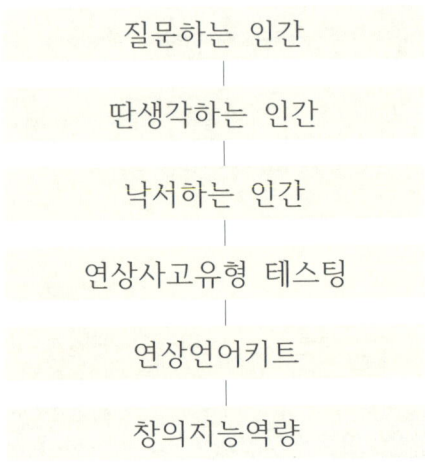

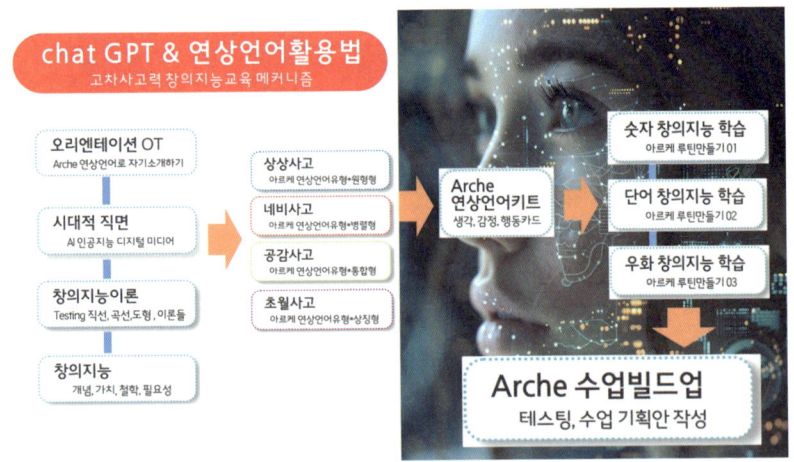

창의지능 연상언어 Testing

시대적 요구를 반영하는 창의 지능은 복잡하고 다양한 인종과 문화의 환경 속에서 정보를 편견 없이 수용하고 이질적인 이(異) 문화를 이해한다. 인공지능 시대에 복잡한 현상을 여러모로 분석하여 핵심을 파악해야 혁신에 맞는 아이디어들이 찾아지며 현실적인 제약 속에 효과적인 해결책들이 만들어진다. 이는 글로벌화 및 정보 과부하 시대 본질을 꿰뚫고 다양성을 존중하여 문제의 근본 원인을 찾아내기 위함이다.

창의 지능의 진단과 평가는 우리에게 어떤 미래의 흐름을 갖도록 하는가! 이는 AI와 협업하는 능력까지 요구되며 복잡한 요구 속에 정교한 문제를 발견하는 역량의 비중이 증가하고 있으며 언어, 이미지, 상징을 통한 창의 인지 테스트가 확산하고 개인의 사고패턴을 정량화하는 뇌인지 기반의 모델들이 증가한다.

창의 지능 측정의 3가지 축

창의 지능을 측정하는 방법은 여러 가시가 있다. 이 챌에서는 직관적이고 실용적인 방법을 사용했다. 바로 **직선, 곡선, 도형**이라는 세 가지 축을 활용하는 것이다. 이 세 가지는 각각 우리의 사고방식을 상징한다.

직선straight은 확산적 사고(발산)를 기반으로 논리적 구조, 규칙, 패턴을 의미한다. 중요한 것은 출발점에서 자유롭게 뻗어가는 가능성의 상징으로 얼마나 많은 직선 패턴을 만드는가! 이다. 직선이 향하는 방향의 범주, 일반적으로 나타나지 않는 형태나 조합을 본다. 직선 사고가 강한 사람은 체계적이고, 분석적이며, 순서를 중요하게 여긴다. 수학 문제를 풀 때, 코드를 짤 때, 계획을 세울 때 직선 사고가 작동한다. 이 사고는 "A이면 B다"라는 인과관계를 명확하게 파악하는 능력과 관련이 있다.

직선 표현에서의 측정은 얼마나 많은 다양한 변형을 만들어 내는가와 다양한 패턴 속에서 무엇(캐릭터)을 찾아내는가이다.

곡선curve은 연결적사고를 기반으로 감정, 관계, 흐름을 의미한다. 점과 점을 자연스럽게 이어 연결망을 만드는 상징적인 지능이다. 연결적 사고의 핵심 요소로 연상과 패턴의 의미를 확대하여 연결했다. 곡선 사고가 강한 사람은 직관적이고, 공감 능력이 뛰어나며, 분위기를 잘 읽는다. 사람들의 감정을 이해하고, 이야기의 맥락을 파악하며, 예술 작품에서 의미를 발견하는 능력과 곡선의 특징을 연결했다.

도형shapes은 실행적사고를 기반으로 조합, 통합, 새로운 형태 만들기로 의미를 정리했다. 도형은 실제로 완결된 아이디어의 형상화를 구조화한다. 도형 사고가 강한 사람은 서로 다른 요소를 연결하고, 새로운 구조를 설계하며, 창의적인 해결책을 만든다. 레고 블록을 조합해 새로운 작품을 만들거나, 서로 다른 아이디어를 융합해 혁신을 만드는 것이 도형 사고의 핵심이다.

이 세 가지 축은 독립적이지 않다. 창의 지능이 높은 사람은 세 가지를 모두 균형 있게 사용했다. 하지만 사람마다 강한 축과 약한 축이 있다. 자신의 패턴을 알면, 강점을 더 키우고 약점을 보완한다.

이제 직접 자신의 창의 지능 유형을 진단해 보자. 각 테스트는 5분 정도 소요된다. 종이와 펜을 준비하고, 편안한 마음으로 시작하자.

직선 테스팅: 규칙 속 가능성 보기

종이 위에 **직선만 사용해서** 자유롭게 그림을 그려보자. 곡선은 사용하지 않고 직선은 겹치거나, 교차하거나, 평행하게 그려도 된다. 5분 동안 마음껏 그려보자.

그림을 다 그렸으면, 다음 질문에 답해보자.

1. 직선들이 어떤 패턴을 만들고 있는가?
2. 그 안에 어떤 형태(사물, 동물, 건물 등)가 보이는가?
3. 형태를 활용하여 캐릭터를 만들 수 있는가?

해석:
1. 직선을 체계적으로 배치했다면, 논리 구조를 선호하는 유형이다.
2. 직선 속에서 숨은 형태를 많이 발견했다면, 규칙 속에서도 창의성을 발휘하는 유형이다.
3. 직선만으로 답답함을 느꼈다면, 자유로운 표현을 선호하는 유형이다.

곡선 테스팅: 관계와 감정의 감지력

이번에는 **곡선만 사용해서** 그림을 그려보자. 직선은 사용하지 않는다. 곡선은 부드럽게 흐르거나, 원을 그리며 급격하게 꺾이거나, 반복될 수 있다. 5분 동안 자유롭게 그려보자.

그림을 다 그렸으면, 다음 질문에 답해보자.

1. 곡선들이 어떤 느낌을 주는가? (부드러운, 역동적인, 혼란스러운)
2. 곡선 속에서 어떤 이야기가 떠오르는가?
3. 곡선으로 표현하기 쉬웠던 것과 어려웠던 것은 무엇인가?

해석:
1. 곡선을 자유롭게 그렸다면, 감정과 흐름을 자연스러운 유형이다.
2. 곡선 속에서 이야기를 많이 발견했다면, 공감과 상상력이 풍부한 유형이다.
3. 곡선이 불편하게 느껴졌다면, 명확한 구조를 선호하는 유형이다.

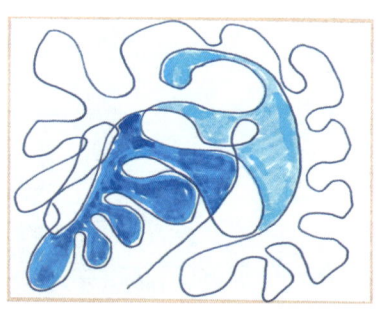

도형 테스팅: 새로운 조합의 탄생

이번에는 **도형만 사용해서** 그림을 그려보자. 곡선이나 직선은 사용하지 않는다. 도형은 하나의 이어진 선이나 떨어진 하나의 도형을 연결해서 5분 동안 자유롭게 그려보자.

그림을 다 그렸으면, 다음 질문에 답해보자.

1. 이미지는 어떤 느낌을 주는가? (거친, 활동적인, 무서운 등)
2. 도형 속에서 어떤 캐릭터를 찾았는가?
3. 도형으로 표현하기 쉬웠던 것과 어려웠던 것은 무엇인가?

해석:
1. 도형을 자연스럽게 그렸다면, 행동을 잘 표현하는 유형
2. 도형 속에서 재미있는 캐릭터를 잘 찾았다면 관찰을 잘하는 유형
3. 캐릭터로 이야기를 잘 만든다면 의미 구성을 잘하는 유형

결과 해석과 나의 창의 패턴 유형 분석

세 가지 테스트를 마쳤다면, 이제 자신의 창의 패턴을 분석해 보자. 아래 질문에 스스로 답하며 유형을 정리하자.

질문 1. 어떤 테스트가 가장 편했는가?
-직선테스트가 편했다면 : **논리형 창의 지능**
　　　　　　　　　　체계적이고 분석적 사고를 선호한다.
-곡선테스트가 편했다면 : **감성형 창의 지능**
　　　　　　　　　　직관과 감정, 이야기를 중시한다.
-도형테스트가 편했다면 : **조합형 창의 지능**
　　　　　　　　　　새로운 연결과 통합을 즐긴다.

질문 2. 어떤 테스트에서 가장 많은 아이디어가 떠올랐는가?
그 영역이 당신의 창의 지능이 가장 활발하게 작동하는 영역이다.

질문 3. 어떤 테스트가 가장 어려웠는가?
그 영역이 당신이 성장할 수 있는 영역이다. 약점이 아니라 가능성으로 정리한다.

대부분 사람은 한 가지 유형이 강하고, 나머지 두 가지는 중간 정도다. 중요한 건 '어떤 유형이 좋다'가 아니라, '내 유형을 알고 그것을 어떻게 활용할 것인가?'이다.

예를 들어, 논리형 창의 지능이 강한 사람은 복잡한 문제를 체계적으로 분석하는 데 강점이 있다. 이 사람이 감성형 요소를 조금만 더하면, 사람들의 마음을 움직이는 설득력까지 생기게 된다.

감성형 창의 지능이 강한 사람은 사람들의 감정을 이해하고 공감하는 데 뛰어나다. 여기에 논리형 요소를 더하면, 감정을 체계적으로 전달하는 스토리텔러가 된다.

융합형 창의 지능이 강한 사람은 서로 다른 것을 연결하는 데 탁월하다. 여기에 직선과 곡선의 요소를 균형 있게 더하면, 실제로 작동하는 창의적 프로젝트의 전문가가 된다.

결과 해석과 나의 창의 패턴 유형 분석

이제 자신의 유형을 알았으니, 성장 로드맵을 그려보자. 로드맵은 복잡할 필요가 없다. 다음 세 가지 질문에 답하면 된다.

1. 나의 가장 강한 창의 지능 축은 무엇인가?
(예: 논리형, 감성형, 융합형 중 하나)

2. 이 강점을 어떻게 활용할 수 있을까?
(예: 논리형이라면 체계적인 프로젝트 설계, 감성형이라면 스토리텔링, 융합형이라면 통합 아이디어 개발)

3. 내가 보완하고 싶은 축은 무엇이고, 이떻게 연습할 수 있을까?
(예: 감성형을 키우고 싶다면 매일 하루를 한 문장으로 요약하며 감정 단어 사용하기, 논리형을 키우고 싶다면 하나의 문제를 단계별로 나누어 풀어보기)

성장 로드맵은 정답이 없다. 중요한 건 **자신만의 방향을 정하고, 작은 실천을 시작하는 것**이다. 이 책의 뒷부분에서 소개할 '아르케 창의 루틴'은 바로 이 로드맵을 실행하는 구체적인 방법이 될 것이다.

청소년기 창의지능의 4가지 핵심 역량 (공감, 언어, 소통, 교육)

공감의 관점 (Empathy Perspective)
인지적 유연성과 타자 이해.
'나의 세계'를 넘어
'너의 입장'에서 상상하기.

언어의 관점 (Language Perspective)
은유적 사고와
자기표현의 확장.
언어를 통해 세상을 재구성하기.

소통의 관점 (Communication Perspective)
협력적 창의성과 집단지성.
아이디어를 연결하고
더 큰 가치 만들기.

교육의 관점 (Education Perspective)
문제 발견과 자기 주도적 탐구.
실패를 학습의 과정으로
인식하기.

[핵심 메시지]

창의 지능은 직선(논리), 곡선(감성), 도형(조합)의 세 축으로 측정할 수 있다. 자신의 유형을 알면, 강점을 키우고 약점을 보완하는 방향을 설정할 수 있다.

[실천 미션]

1. 세 가지 테스트 결과를 종이에 정리하고, 내 유형을 한 문장으로 요약해보자.

2. 친구나 가족에게도 같은 테스트를 권유하고, 서로의 유형을 비교해 보자. 어떤 차이가 있는가?

3. 내가 보완하고 싶은 축을 하나 선택하고, 이번 주에 그것을 연습할 작은 행동 하나를 정해보자.

비규칙언어로 고차사고를 학습하는 것은 잠자는 우리의 뇌를 다른 방향으로 깨우는 미션을 준다. "AI는 수조 개의 데이터를 학습하지만, 단 한 번의 '진심 어린 관찰'은 하지 못한다." 우리는 흔히 창의성이 하늘에서 뚝 떨어지는 영감이라고 착각한다. 하지만 AI시대의 창의성은 '무엇을 아느냐?'가 아니라 '어떻게 반응하느냐?'의 문제이다. AI가 가장 잘하는 것이 '확률적 최적화'라면, 인간이 가장 잘할 수 있는 것은 '의미 있는 연결'이다.

의미 있는 연결 지능을 높이는 중심 역량이 바로 창의 지능이다. 창의 지능이 높은 사람들은 단순히 그림을 그리고 글을 쓰는 기술이 아니라, 세상을 다르게 보고Capture, 본질을 꿰뚫는 질문을 던지며Question, 서로 다른 것들을 엮어내는Combine 일련의 사고에 익숙한 강점이 있다.

이제 우리는 AI에 정답을 구걸하는 수동적 사용자가 아니라, AI라는 거대한 도서관에서 나만의 보석을 찾아내는 '디렉터'가 되어야 한다. 그 여정의 시작인 창의 지능 연상이미지언어의 주요 방법인 곡선과 직선, 도형을 잘 활용하여 생각의 생성을 잘 훈련해 보자.

이를 위해 창의 지능 습득을 위한 <7day 루틴>을 부록에 소개했다. 창의 지능은 근육과 같아서 매일 반복할 때 단단해진다. 하루 10분만 투자해 보자. 루틴에 필요한 기능을 3가지 소개한다.

관찰하기 (Capture) - "낯설게 보기"

매일 의미 없이 스쳐 지나며 당연하게 여겼던 주변 사물이나 현상에서 새로운 디테일을 발견한다. '시선 멈춤' 연습은 매일 등하교나 출퇴근길, 산책길에 평소에 눈여겨보지 않았던 대상(간판의 폰트, 보도블록의 틈, 사람들의 표정 등) 하나를 정해 1분간 응시한다. 발견한 특징 3가지를 메모장에 적는다. (예: "오늘 본 카페의 의자는 다리가 세 개였다. 불안해 보이지만 세련됐다.")

질문하기 (Question) - "본질 파고들기"

인지하고 있던 현상의 이면을 묻고 AI에 던질 '고차원적 질문'을 하나씩 만들어 답을 찾으면 창의 지능의 근력은 커진다.

데일리 루틴 (5분) 작업으로 '만약에(What if)'란 질문을 활용한다. 하루에 한 번 당연한 상식에 반기를 들어본다.
(예: "만약 편의점에 계산대가 없다면?", "만약 스마트폰 화면이 투명하다면?")

AI에 답을 물어보기 전에, "이 문제를 해결하기 위해 내가 AI에 어떤 조건(제약사항)을 주면 가장 창의적인 답이 나올까?"를 먼저 설계해 본다.

결합하기 (Combine) - "강제 연결"

전혀 별개의 본질과 분명한 기능을 가진 상관없는 두 가지의 개념을 통합하여 새로운 가치를 창출한다.

데일리 루틴 (5분) 작업으로 무작위 단어 조합을 한다. 전혀 상관없는 두 단어를 골라 하나의 문장이나 아이디어로 만든다.
(예: '고양이' + '세탁기' = 고양이 털을 완벽히 제거하면서 고양이가 무서워하지 않는 저소음 세탁기 가전 기획)

A를 B에 대입하기 : "오늘 읽은 뉴스(A)를 내 업무(B)에 적용한다면 어떤 변화가 생길까?"라고 자문해 본다.

AI시대, 창의지능

이미지로 상상하고
언어로 표현하는 훈련

나는 오히려 지금이 〈인간의 창의성이 가장 필요한 시대〉라는 생각을 한다. 1인의 영향력이 이렇게 강한 시대가 있었던가! 슈퍼 개발자 1인이 30명의 생산성을 해내고 5~6명의 직원들이 수백억의 매출을 창업 2년만에 해낸다. 그들의 월간회의는 주간회의가 되고 주간회의는 실시간 회의가 된다. 오전 전략회의에 나온 아이디어나 작성해야 할 프로젝트의 정리는 초와 분단위로 진행된다. 바로 오후에 다음 회의가 잡힌다. 5명의 스텝이 다음 회의를 위해 준비하는 데 걸리는 시간은 고작 2시간이다. 업무가 빠른 시간의 밀도를 갖는다. 조직의 형태는 납작해지고 일할 사람은 줄어든다. 그러나 일의 효율성과 생산성은 놀랍게 상승한다.

이런 환경에서 창의성의 본질은 매우 유혹스럽다. 돈과 권력과 생존을 위해 가속을 붙이는 인간은 더욱더 기술적이며 단순한 사고로 편향될 가능성이 있다. 탁월한 엔지니어 1인이 기술을 독점하고 AI 정책을 드라이빙한다. 위험한 세상을 경고한다.

우리는 AI의 편리함을 어디까지 허용해야 할까? 묻는다. 주인을 험담하는 AI가 등장하고 '나 일좀 줄여줘' 말하는 생성형GPT에 조금씩 게을러지는 표현도 한다.

어느 때인가는 인공지능의 폭주를 통제해야 하고
어느 때인가는 인간의 창의 지능을 뛰어넘는 AGI 범용인공지능이 개발되면
인간보다 나은 인공지능에서 복종하는 방법과 순응하는 공감도 가르쳐야 한다.

과연, 인간에게는 어떤 창의 지능이 필요하고 어떤 언어역량을 높여야 할까?
묻게 된다.

창의 지능에 필요한 연상언어역량

창의 지능의 메커니즘은 1차 직선, 곡선, 도형의 연상사고 검증을 거쳐 2차 창의 지능에 영향을 주는 10개의 연상언어 역량지표로 분석했다. 3차 분석된 방사형 그래프로 결과지표를 설명하고 최종적인 4개의 창의 지능 연상언어사고 유형과 연결된 강점과 약점을 설명한다.

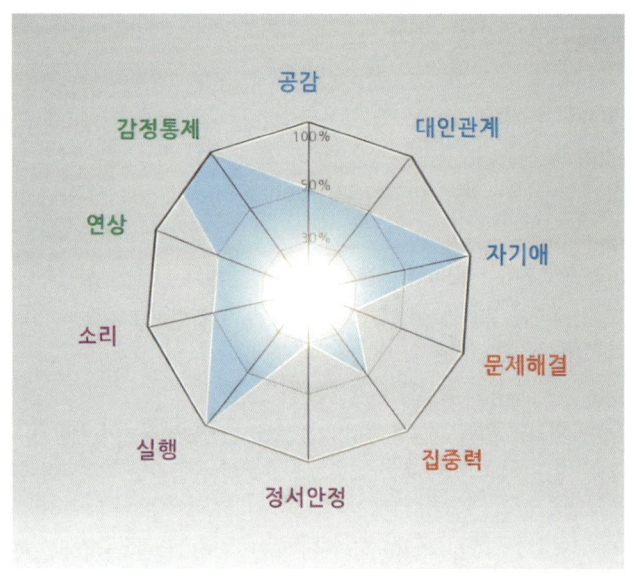

창의 지능 셀프테스팅 분석그래프

창의 지능과 연결된 10개의 연상언어역량은 공감 지능, 대인관계지능, 자기애, 문제해결지능, 집중지능, 정서안정지능, 실행지능, 경청지능, 연상지능, 감정통제지능이다.

공감력
타인의 사고나 감정을 자기의 내부로 옮겨 넣어 타인의 체험과
동질의 심리적 과정을 만들고 이해하며 느끼는 능력으로
상대를 진심으로 움직이게 만드는 성향을 파악하는 검사입니다.

창의 지능의 첫 번째 연상언어역량은 **공감력**이다.

 내가 경험한 것은 아니지만, 마치 내가 경험한 것처럼, 내 마음속과 내부로 들어와서 같은 심리 과정으로 이해하고 느끼는 능력이다. 이것은 상대를 진심으로 움직이는 힘을 갖고 있다. 초등학생에게 '나는 책 속에 꽃과 나비에게 이야기할 수 있어요?'라는 질문으로 체크하도록 했다.

 우리는 일상의 어떤 상황에서 공감의 어려움이나 불균형을 느낄까? 최근 정치, 외교, 문화 등의 양극화 속에 공감 능력은 상당한 피로도를 갖게 한다. 여러 분야에서 보이는 공감 불균형 문화는 나와 다른 자이를 가진 사람들과 심한 갈등으로 적대감마저 느끼게 한다.

 공감은 단순한 감정을 넘어 사회적 대화와 통합을 이끄는 중요한 도구이다. 서로의 이해관계와 처지가 다를 때, 상대방에 대한 공감 능력의 차이가 사회적 갈등을 심화시키는 요인이 된다.

 디지털 시대의 청소년 및 MZ 세대의 공감력 저하는 공감에 대한 위기감과 인성교육의 필요성을 더욱 부각한다. 최근 OECD 보고서와 여러 연구는 MZ 세대가 이전 세대보다 표정, 말투, 분위기 등 비언어적 단서를 감지하는 능력(흔히 눈치라고 불리는 능력)이 떨어진다고 경고한다. 이런 공감력의 저하는 오해, 감정단절, 관계갈등을 빈번하게 만든다. 이 분야의 코칭 전문가는 이를 미래 사회를 살아갈 사회적 생존력의 결핍으로 해석했다.

공감 능력은 타고나는 것이 아니다. 학습과 훈련을 통해 얼마든지 향상될 수 있는 역량이다. 감정을 이해하고 조절하는 인성교육을 중요성으로 연결한다. 최근 AI에 관한 연구에서는 인간보다 인공지능(AI)이 더 공감 능력이 뛰어날 수 있다고 보고한다. AI는 피로를 느끼지 않고 다정함과 객관성을 유지하며 방대한 데이터를 처리할 수 있다는 이유이다. 사회가 복잡해지고 욕구가 많아질수록 AI가 특히 정신건강 분야에서도 상담이나 치유에 중요한 역할을 할 것이라는 기대를 준다. 공감 능력마저 AI의 기술로 대체되어 주도권을 잃지 않을까 우려된다.

대인관계
사람을 대하고 사귀는 과정에서 이전에 부정적인 결과를
가져왔던 선택을 피하는 것으로 불편한 것을 직면하는 관계에
회피경향이 있는지에 대한 검사입니다.

창의 지능의 두 번째 연상언어역량은 **대인관계**이다.

대인관계는 다양한 정의와 개념이 있다. 다양화된 세상에 여러 상황에서 해석된다. 아르케 창의 지능에서는 회피 성향을 중심 단어로 설명했다. 사람을 대하고 사귀는 과정에서 이전에 부정적인 결과를 가져왔던 것들에 대해 회피하는 것이다. 마음속에 불편한 생각과 감정들이 아직 정리되지 않아 직면하는 것이 어려움을 갖는다.

현대사회는 기술의 발달과 생활 방식의 변화로 인해 대인관계의 형태가 급변한다. 이에 따라 관계의 피로와 사회적 회피라는 문제를 만든다. 그 주범은 단연코 디지털미디어 환경이다. 하루가 지나면 어제와 달라져 있는 환경으로 관계의 피상화는 심각해진다.

새로운 관계에 대한 일반적인 인식은 언제든 스마트폰과 소셜 미디어(SNS)가 있으면 연결할 수 있다고 믿는다. 그러나 이 연결이 깊은 정서적 교류가 있다고 말할 수 없다. 피상적인 관계 맺기에 그치는 경우가 대부분이다. 그런 이유로 아는 사람은 더 많아졌지만, 정서적 고립감은 더 깊어진다.

버스나 지하철을 타보면 모두가 핸드폰을 쳐다본다. 공원의 벤치나 버스 정류장 의자에 앉아도 서로 말을 걸지 않는다. 개인화 및 비대면의 문화가 소소한 것에도 심화하여 간다. 가정과 직장, 기타 사회생활에서 발생하는 감정과 관계를 스트레스와 노동으로 생각한다. 이는 지발적 고립과 관계의 축소를 스스로 선택하는 경향으로 이동시킨다.

예전에 싸웠던 동료나 친구는
다시 일하기가 부담스러워요!

자기중심성
남을 의식하지 않고 모든 정신활동이나 행동을 자기 위주로
행하는 상태로 자신의 행위에 부당하게 큰 가치를 부여하는
성향을 검사합니다.

　창의 지능의 세 번째 연상언어역량은 **자기중심성**Egocentrism이다. 이
지표는 남을 의식하지 않고 모든 정신 활동이나 행동이 자기 위주로 흘러
가도록 행동하는 상태인데, 타인보다는 자신의 행동과 의견에 부당하게 큰
가치를 부여하는 성향을 말한다.

어디에서 건 내 의견이 옳다고
자신 있게 말해요!

　자기 중심성은 기본적으로 자신만의 관점, 생각, 감정이 유일한 진리인
것처럼 여기고 타인의 입장을 고려하지 못하는 원형적 사고방식이다. 특별
히 현대사회에서의 증가가 두드러진다. 개인의 자유와 자율성, 개성이 강
조되는 현대사회, 특히 정보화 시대에 인공지능의 발달은 이 지표를 상승
시킨다.

　자기 중심성은 창의 지능의 관점에서 양날의 검과 같다. 긍정적인 측면으
로 타인의 시선에 끌려다니지 않는 자율성과 독립성을 준다. 기존 사고의

틀을 벗어나 자기만의 아이디어나 예술 작품을 창출하는 데 긍정적인 역할을 한다. 그러나 지나치면 독선적인 고집으로 변질하여 타인의 피드백에 대해 이해 못 하거나 대중과의 소통 실패로 이어질 수 있다.

자기 중심성은 인간의 발달심리학 차원에서 매우 중요하게 다뤄진다. 아동기의 전조작기(2세~7세) 인지적 특징으로 타인의 시각을 이해하지 못하는 한계를 정상으로 본다. 이는 성인기 이후에도 부적절하게 지속하거나 병리적인 수준으로 나타나면 마음 이론Theory of Mind 발달 지연 또는 성격장애와 관련된 진단적 이슈를 보인다. 엘킨트Elkind는 청소년기에 자기 중심성을 상상 속의 관중Imaginary Audience과 개인적 우화로 설명했다. 이는 사회적 상호작용을 통해 극복해야 할 과업이다.

사회학은 개인의 자기 중심성이 사회 전체에 미치는 영향에 주목한다. AI 시대의 사회의 구성원은 자신의 생산성과 이익, 관점만을 최우선시하여 사회적 자본과 공동선의 연대감을 약화했다. 이 지표는 시민의식과 사회적 책임을 회피하는 경향을 나타내며 이기주의로 해석될 경우 사회적 비판과 사회질서에 위협이 되는 대상이 된다.

대한민국도 다문화 300만 명 시대가 되었다. 그러나 이들과 소통할 준비는 아직 미흡하다. 다양성과 나문화가 사회의 갈등 요소가 되면서 해결해야 할 문제가 되었다. 타 문화나 소수자의 입장을 배려하지 못하며 문화의 상대주의적 이해를 방해하고 편견이나 차별로 다양한 존중의 가치와 충돌하는 지표이며 포용적인 사회를 만드는데 심각한 장애물로 작용한다. 개인의 행동에 대한 역량으로만 인식할 수 없으며 이는 개인 성향을 넘어 사회 전체의 구조와 역할에 영향을 미치는 현상이 된다.

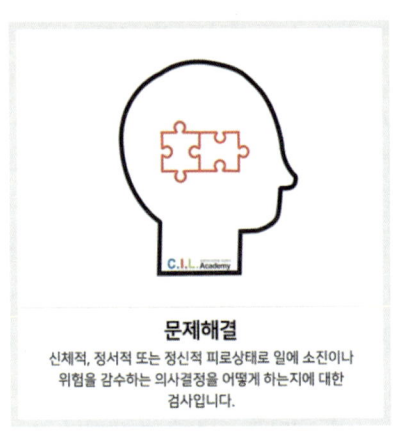

문제해결

신체적, 정서적 또는 정신적 피로상태로 일에 소진이나
위험을 감수하는 의사결정을 어떻게 하는지에 대한
검사입니다.

창의 지능의 네 번째 연상언어역량은 **문제해결**이다. 이 지표는 신체적, 정서적 또는 정신적 피로 상태로 일의 소진이나 위험을 감수하는 의사결정을 어떻게 하는지에 대한 문항이다.

업무나 학업이 힘들고 피곤하면
엄마, 교사, 과장님께 어렵다고 말해요!

소진은 문제를 해결하는 과정에서 지속해서 요구되는 높은 에너지의 투입에 관한 결과이다. 특정 상황에서 높은 성과를 얻을 수 있지만, 정기적으로는 심각한 대가를 치르게 했다.

자신과 타인에게 소진에 대한 상태를 구체적인 감각, 감정언어로 정리하여 표현하는 것이 중요하다. 막연한 무력감과 경계를 알 수 없는 정리들은 문제해결의 현장에서 공격적인 나를 발견하고 통제력의 부족으로 회복을 힘들게 한다. 고립감을 해소하고 구체적인 대화로 정서적 지지를 요청하며 해결책보다는 경청하는 태도가 좋다.

집중력

한 가지 일에 마음을 집중하여 나아가는 역량으로 주의가
산만하여 집중하는 행동의 결핍이나 과한 행동을 보이는
상태의 검사입니다.

창의 지능의 다섯 번째 연상언어역량은 집중력Attention이다. 이 지표는
한 가지 일에 마음을 집중하여 나아가는 역량으로 주의가 산만하여 집중하
는 행동의 결핍이나 과한 행동을 보이는 상태를 말한다.

다양한 미디어 정보들은
업무, 공부에 집중을 어렵게 만들어요!

최근 AI가 인간에게 집중하는 관심은 경제적 이슈를 연결한다. AI가 개인
의 집중력을 자원으로 인식하고 이를 극대화하여 소비활동을 자극한다. AI
알고리즘은 사용자의 현재와 과거 관심사에 관련된 데이터를 분석하여 가
장 오래 집중할 수 있는 맞춤형 콘텐츠를 지출서비스로 제공한다. 이에 따
라 디지털 화면에 오랜 시간 빠지게 하여 주의력 분산과 정보 과부하의 문
제를 심화시킨다.

인공지능의 집중도는 개인의 욕구에 정확히 부합한다. 정보 습득이 쉬운
긍정적 측면으로 학습 효율과 엔터테인먼트 만족도를 높여준다. 그러나 인

공지능은 사용자의 관심을 유지하는 것이 목표이지, 정보의 질이나 정신건강이 아니다. 사용자의 생산적인 집중보다 소모적인 집중에 시간을 낭비하게 한다.

또한, 인공지능은 직접경험보다는 간접경험의 환경을 기술로 유혹한다. 모든 경험이 쉽고 마찰이 없으며 실체도 없게 만든다. 그런 측면에서 집중력은 직접경험을 더 절실히 요구한다. 온라인 만남과 대화, 회의가 코로나 시대를 거치며 일상화되었다. 그러나 화상 회의나 만남으로 대화를 하는 순간에도 우리는 다른 것에 집중하며 디지털 환경에서 멀티테스킹을 즐긴다. 집중력은 분산되고 기능을 잃었으나, 티는 나지 않는다.

뇌과학 전문가는 스마트폰, 영상매체, 수많은 앱 사용 등 인지 부하6)를 경험하며 실제로 두 가지 일을 동시에 하는 것은 효율적으로 처리하는 이중 과제Dual Task능력에 부정적인 영향을 미친다고 발표했다. 인간에게 지속적인 주의력 분산이 작업 기억 능력Working Memory을 저하하며 실행 기능을 훼손한다.

AI 도구를 활용하여 회의록 자동 요약이나 실시간 번역 등의 단순 반복적인 인지 부하를 줄이고 인간의 뇌가 더 복잡하고 고차원적인 문제들에 직면하여 해결하는 데 집중하도록 에너지를 충전해야 한다.

잦은 디지털 전환은 뇌가 깊은 집중 상태인 몰입Flow에 도달하는 것을 방해하며 만성적인 주의력 결핍을 초래하여 학습 및 업무의 질을 떨어뜨린다.

---

6) 인지 부하는 과제해결에 필요한 인지 자원의 양이 인지구조의 용량을 초과할 때 발생하는 인지 과부하를 의미한다. 인간의 작업 기억은 매우 제한적이며 한 번에 4~7개의 정보 단위만 유지할 수 있어 과부하 되면 학습이 중단된다. 인지 부하 이론은 불필요한 인지 부하를 줄여 효과적인 학습을 유도하고 학습전략을 개발하는 데 목적을 둔다.

정서안정
감정을 불러일으키는 기분이나 분위기에서 자신의 감정을
안정적으로 유지하고 변화의 폭을 줄이는 능력을 검사합니다.
(반대역량은 신경질)

　창의 지능의 여섯 번째 연상언어역량은 **정서안정**이다. 이 지표는 감정을 불러일으키는 기분이나 분위기에서 자신의 감정을 안정적으로 유지하고 변화의 폭을 줄이는 능력을 검사한다.

동료에게 화나면 화내고,
동류가 화를 내면 이유를 물어봐요!

　정서적인 안정을 유지하는 것은 만족스러운 삶을 위한 핵심이다. 정서적 안정을 유지하는 데 중요한 요인들과 이를 위한 노력은 나이가 들수록 더 어렵고 힘들다. 이 지표는 외부 상황 변화에도 불구하고 스스로 감정을 적절히 조절하고 평온함을 유지하는 능력에 기반이 되는 요소들이다.
　요소 중 중요한 것은 탄력성Resilience이다. 역경과 스트레스, 혹은 부정적인 사건에 직면했을 때 심리적으로 빠르게 회복하고 적응하는 능력은 지나

치게 편향적으로 강한 탄력성을 보이는 청소년 시기와 확연히 차이를 보이는 장년, 시니어의 노화된 신체적 능력과 인지기능의 탄력성은 다르다. 중요한 것은 삶에서 예상치 못한 어려움은 예고 없이 발생하는데 이에 반응하는 탄력성이 높으면 일시적인 불안이나 우울한 감정에 빠지더라도 빠르게 회복한다는 것이다.

청소년이나 장년 및 시니어에 정서적 안정을 위해 공통으로 필요한 것은 자기를 인식Self-Awareness하는 것이다. 자신의 현재 감정, 사고방식, 신념, 그리고 이러한 요소들이 행동에 미치는 영향을 명확하게 이해하는 정리가 필요하다. 감정이 상해 동요가 일어났을 때, 내가 왜 이런 감정을 느끼는가에 대한 정확한 인지가 감정을 조절하고 반응을 선택할 수 있는 통제력을 주기 때문이다.

결과적으로 정서를 안정시킨다는 것은 주변 사람들과 건강한 관계에서 안정감, 지지, 소속감을 느끼게 해주는 심리적 연결이다. 창의 지능은 정서를 조절하는 기술을 습득하고 적용한다. 감정이 격해질 때, 충동적으로 반응하지 않고 잠시 멈춰, 내 마음을 챙기고 고정관념으로 판단과 관찰하지 않고 수용하는 연습을 반복한다. 부정적인 생각을 객관적으로 검토하여 더 현실적이고 긍정적인 관점으로 재해석하는 노력이 필요하다.

아울러 규칙적인 자기 관리와 일상을 동시에 유지하는 것이 필요한데 수면, 영양, 운동 등 신체적인 건강을 관리하며 청소년기에 충분한 수면시간을 확보하는 것은 감정과 스트레스 조절을 잘할 수 있도록 예방하는 기본적인 생활 습관이 된다.

실 행 력
자기의 생각을 실제로 행하는 능력으로 목표나 임무를 달성하기
위해 필요한 적극성과 정신적(기억력, 통제력의 고급인지기능)
신체적(신체건강, 집중력)으로 견디는 능력을 검사합니다.

　창의 지능의 일곱 번째 연상언어역량은 **실행력**이다. 이 지표는 자기의 생각을 실제로 행(行)하는 능력이다. 목표나 임무를 달성하는 데 필요한 적극성과 정신적(기억력, 통제력의 고급인지기능), 신체적(신체건강, 집중력) 상태를 상황에서 견디는 기능을 의미한다.

업무 계획을 끝까지
달성하려는 의지가 강해요!

　미디어 및 디지털 인공지능 시대에 청소년이 목표를 효과적으로 실행하기 위한 적극성Proactiveness을 높이려면 이들이 가진 환경 및 개인적 요인 중 강점요인Strenghts을 극대화하고 약점요인Weaknesses을 최소화해야 한다. 청소년기의 적극성을 촉진하는 디지털 환경 및 세대들의 특징은 다양하다. AI 도구, 미디어 플랫폼, 프로그래밍 환경 등에 대한 선천적인 친숙도와 높은 접근성을 유지하는 것이 필요하다. 디지털 도구를 활용하는 능력과 접근성이 경쟁력인 시대가 되었기 때문이다. 이것은 기술을 빠르게 습득하고 활용하여 목표 실행의 효율성을 높여준다.

 이를 강점으로 만들기 위한 실행은 AI 추천 시스템을 활용하여 자신에게 부족한 기술을 맞춤형으로 학습하고 목표 실행에 필요한 전문지식을 적극적으로 확보하도록 AI 기반의 개인화 학습을 활용한다.

 청소년은 미디어를 통해 자신의 아이디어나 결과물을 즉각적으로 제작하고 업로드하여 실시간 반응을 확인한다. 이런 빠른 만족감의 확인은 적극적인 행동을 위한 강력한 동기부여가 된다. 목표 실행 과정을 유튜브, 틱톡, 블로그 등 미디어 콘텐츠로 만들어 공유하며 실행 자체를 즐거움으로 인식하고 지속성을 확보하도록 지도한다. 목표 달성 과정에 보상, 레벨업, 챌린지와 같은 게임적 요소를 적용하여 재미와 호기심을 더하고 적극적인 참여를 유도한다.

 간단하게 적극성을 높이는 강점 요인을 살펴보았다. 반대로 방해하는 약점을 극복하는 전략도 정리가 필요하다.

 끊임없는 알림 소리와 추천 콘텐츠로 인해 집중력이 짧아지고 중요한 목표 실행에 필요한 집중 사고나 장기적인 계획 수립에 방해를 받는다. 방대한 정보 속에서 핵심 정보를 걸러내는 능력도 저하된다.

 이런 청소년은 빠른 피드백과 보상에 익숙한 일상으로 목표 실행에 필요한 장기적 노력이나 지루한 과정을 견디지 못하고 포기한다. 구체적인 단계를 쪼개서 작은 성공을 경험하고 미래의 장기적인 보상을 기다리는 자기 통제력 훈련으로 적극적인 지속성을 강화해야 한다.

소리(경청)

음을 식별하고 그에 맞는 음표를 알아내는 능력<청각, 표현력, 감각>에서
상대의 말을 듣는 것 만이 아니라, 상대가 전달하는 의미와 본질에 귀를
기울여 듣고 빠르게 파악하는 능력으로 자유로운 자기표현을 향상시킵니다.

창의 지능의 여덟 번째 연상언어역량은 **소리(경청)**이다. 이 지표는 피아노 음을 식별하고 그에 맞는 음표를 알아내는 전형적인 청음테스팅을 해보았다면 누구나 아는 역량이다. <청각, 표현력, 감각>에서 상대의 말을 듣는 것 만이 아니라, 상대가 전달하는 의미와 본질에 귀를 기울여 듣고 빠르게 파악하는 능력으로 자유로운 자기표현을 향상하는 지능이다.

상대방의 이야기에 빠르게 반응하고
그에 맞는 행동을 잘해요!

타인에게 말을 하는 것도 듣는 것도 어려워진 세상이다. 인간은 듣기보다는 말하는 것을 좋아한다. 경청은 단순히 듣기를 넘어 상대의 의도를 이해하고 공감하며 반응하는 적극적 과정이다. 정보가 과부하 될수록 핵심 메시지를 필터링하는 선별 역량은 중요하지만, 기능은 약해진다.

연상력
자신의 행복에 대한 주관적인 느낌과 에피소드의 경험들을 지금의
갈등과 문제에 연결하여 긍정적인 사고와 사물을 연상하는 역량으로
현재의 삶의 질을 평가하는 기준과 관련된 유전자를 검사합니다.

창의 지능의 아홉 번째 연상언어역량은 **연상력**Aassociation이다. 이 지표
는 자신의 행복에 대한 주관적인 느낌과 에피소드의 경험을 지금의 갈등과
문제해결에 연결하여 긍정적인 사고와 사물을 연상하는 역량으로 현재의
삶의 질을 평가하는 기준이다.

책을 읽으면 행복한 기억들이 떠올라요!

지금 시대의 연상력은 단순한 기억을 넘어 정보를 깊이 있게 처리하고 유
연하게 활용하는데, 결정적인 역할을 하는 지표이다. 인간의 뇌는 정보들
을 개별적인 단위로 저장하기보다 네트워크 형태로 연결하여 저장할 때,
훨씬 효율적이다. 연상언어로 새로운 단어나 복잡한 개념을 이미 알고 있
는 이미지, 스토리, 감정으로 연결하는 학습은 정보를 장기기억으로 전환
시킨다.

감정통제

느긋함을 즐기는 능력으로 기다리는 동안 자신을 통제하는
능력이며 분노와 갈등조절에 관련된 균형감정을 갖고 자신을
통제하는 것에 관련된 검사입니다.

창의 지능의 열 번째 연상언어역량은 **감정통제**이다. 이 지표는 느긋함
을 즐기는 능력이다. 기다리는 동안 자신을 통제하는 능력이며 분노와 갈
등 조절에 관련된 균형 감각을 가지고 자신을 보호하는 지표이다.

화가 나도 오해를 받아도
기다리며 이해를 받을 수 있어요!

현대사회는 빨리 행동하는 문화와 생산성을 강조한다. 고3 청소년의 학사
일정은 살인적이다. 그들의 연간 52주의 토요일 일정 중, 마음 편히 활동
할 수 있는 시간은 단 2주뿐이다. 입시의 스트레스로 직업적, 사회적, 진
로에 끊임없이 쫓기며 정신적 여유를 잃는다. 분노나 갈등은 시간을 투자
해서 감정을 달래고 인식하여 상황을 분석하는 느긋함이 필요하다. 시간이
부족하다고 느끼면 뇌는 위협으로 인식하고 싸우거나 도피하는 즉각적인
반응을 보여 해결책을 모색하는데, 어려움을 준다.

창의 지능 사고유형

 창의 지능의 메커니즘에 중요한 핵심 중 하나는 고차사고력을 만드는 연상이미지언어의 10대 역량지표를 검사하여 분포도로 분류된 4가지 창의 지능을 사고유형으로 진단하는 것이다. 첫 번째 연상언어유형은 원형사고를 기반으로 형성된 상상 지능형이고 둘째는 병렬사고를 기반으로 형성된 내비게이션 지능형이다. 셋째는 통합사고를 기반으로 습득된 공감 지능형이고 넷째는 상징적인 사고를 기반으로 만들어지는 초월지능형이다.

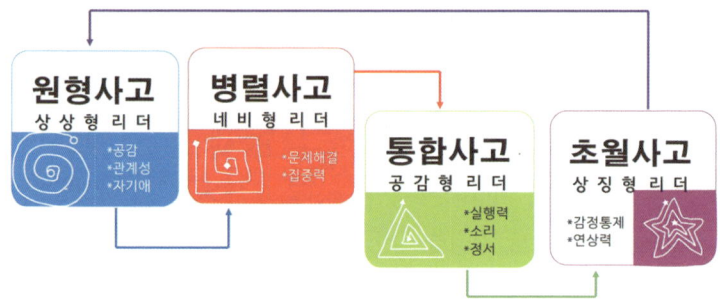

<Arche 창의 지능 사고유형>

#상상형사고란?

<창의 지능 상상형사고자>는 습득된 지식과 공감을 틀 안에서 벗어나지 않고 상상하는 유형이다. 관계의 본질을 깊이 꿰뚫는 '원형사고 Archetypal Thinking'자들은 이미지 언어로 세상을 이해한다.

무엇이든 상상하는 나의 모습

원형사고자는 외부와의 공감이 어려운 유형이다. 이 유형의 모든 관심사는 '나'에게 집중된다. 대인관계도 고립적이며 자기중심성이 강한 면모를 가지고 있다. 천재적인 성향과 기능으로 통찰력 있는 분야의 기술을 개발하고 혁신적인 일을 해낸다.

<상상형 창의 지능의 3대 핵심역량>

창의 지능의 상상형사고자 유형은 3가지 주요 역량은 공감력과 관계성, 자기애이다. 이는 내면의 마음속 깊은 무의식에 원형을 깨운다. 인간의 몸속 깊은 곳에는 상상을 유발하고 끄집어내는 무의식의 생각 이미지로 가득하다. 여러 해 동안 쌓아오며 생긴 흔적들로 남아있다. 오랫동안 인류가 공유해 온 보편적인 상징과 이야기가 원형으로 남아있다. 칼 융은 이 흔적이 대대로 이어오는 집단 무의식으로 "조상과 나를 이어주는 거대한 정신의 바다이며 창조의 힘을 가지고 있는 열쇠"라고 했다.

창의 지능의 상상형사고자는 딴생각Originality에 최적화되어 혁신을 만드는 원동력을 발휘한다. 딴생각은 미리 정해진 틀에서 벗어나 익숙한 흐름을 깨는 의도적인 충돌로 일상의 작은 불편함을 발견하고 익숙한 관점과 마주하여 일을 멈추고 새로운 생각을 돕는다. 그러나 우리의 일상은 딴생각을 허용하지 않고 쓸데없는 시간 소모로 흘려보낸다. 호통을 듣거나 엉뚱한 생각과 행동으로 정신을 차려 제자리로 돌아와야 하는 환경으로 실력을 드러내지 못하는 유형이다. 그런 측면에서 상상하는 지능 속에 잠재력을 깨우는 훈련은 무엇일까? 늘 질문한다.

상상형사고는 얽힌 생각[7]의 덩어리를 융합하여 하나의 뾰족한 아이디어로 만드는 훈련에 집중한다. 잡생각은 사라지고 생각 에너지의 뾰족함이 생기도록 도와주는 <추상적 생각 다듬기>를 시작하여 시각을 확장하는 관점을 바꾼다. Arche Testing 학습에서 소개한 직선, 곡선, 도형은 추상적 이미지를 통해 마음속의 기하학적 원형사고를 유발시켜 복잡한 이미지 속에서 새로운 캐릭터를 찾아내고 의미를 확장하여 딴생각을 체험하도록 돕는 훈련이다. 고차원적인 사고들이 새로 태어나서 만들어지는 과정을 경험할 수 있는 학습이다.

마지막으로 명백히 달라 보이는 두 단어의 의미를 서로 연결해 새로운 스토리텔링을 만드는 융합 사고 훈련으로 낯설게 연결된 문장을 접하는 방법도 좋다.

---

7) 마음속에서 여러 감정, 관계, 일이 이리저리 뒤섞여 복잡해지는 상태

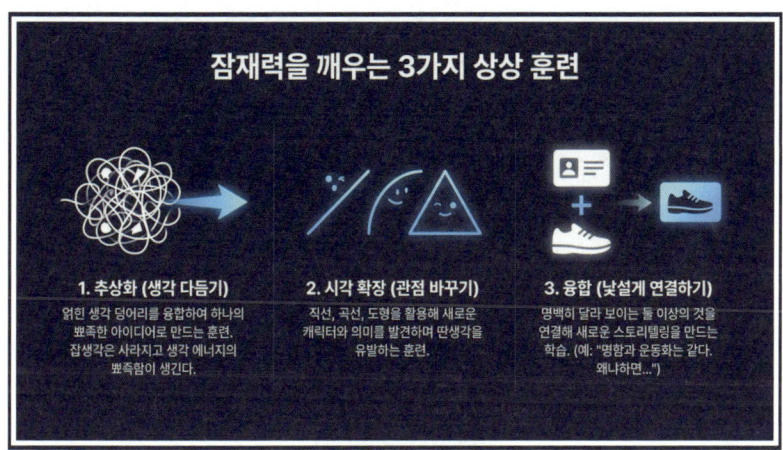

#상상형 사고와 진로를 융합해 자신의 길을 창조하라

 창의 지능 상상형사고자는 사람에게 이미지언어로 자기 분야에 탁월한 빛을 보여준다. 특징을 정리해 보면 이렇다.

창의성과 시각적 사고가 요구되는 분야
독창적인 관점과 스토리가 자산이 되는 분야
정해진 답이 아닌, 새로운 해결책을 만드는 분야

 첫 번째 진로 직업군은 창작자이거나 기획자이다. 아이디어를 현실로 만드는 시각의 마술사로 보이지 않는 아이디어와 감정을 매력적인 '이미지언어'로 번역하여 세상과 소통하는 분야의 전문가들이다.

- 그래픽 디자이너 (Graphic Designer)
- 광고/마케팅 전문가 (Ad/Marketing Specialist)
- 영상 제작자 (Filmmaker/Video Producer)
- 미술/디자인 분야 (Art/Design Fields)

두 번째 진로 직업군은 혁신가이거나 스토리텔러이다. 세상을 다른 관점으로 보고 작은 변화의 세심한 설계자로 기존경계를 허물고 사람들의 마음을 움직이는 새로운 이야기와 경험을 창조한다. 독창적인 자기만의 생각과 관점이 핵심이다. 소통과 공감이 고립되지 않도록 주의한다면 매력적인 직업군이 가능하다.

- 스타트업 창업가 (Startup Founder)
- 브랜드 전략가 (Brand Strategist)
- 콘텐츠 크리에이터 (Content Creator)
- 교육/R&D 기획자 (Education/R&D Planner)

<창의지능 상상형을 깨우는 키워드>
#융합Fusion #연상훈련 #공감Empathy #원형Archetype #딴생각Ofiginality

창의지능 숫자루틴

길을 찾는 나, 네비형 사고 (Navigator Thinking)
정확한 목표 설정과 실행의 전문가

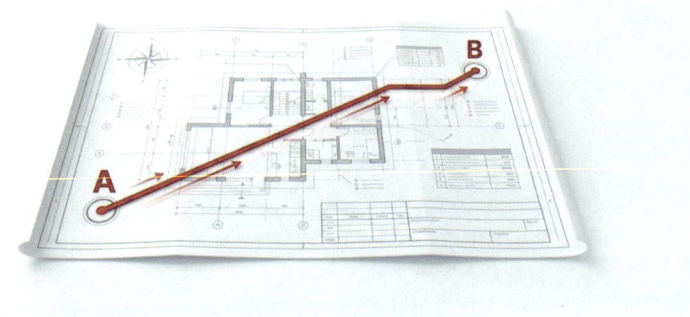

#네비형사고란?

<창의지능 네비형사고자>는 정확한 목표 설정과 실행의 전문가이다. 복잡한 세상, 다양한 욕구와 요구가 많은 일상에 어떻게 길을 찾을 것인가에 최적화된 사고유형이다. '병렬사고'는 원인과 결과를 충분한 데이터로 학습하여 문제와 갈등을 해결하는 방식을 사용한다.

매뉴얼에 기반한 성실하고 치밀한 사고방식은 목표 달성을 위해 가장 효율적인 시스템을 수립하고 정해진 절차와 원칙에 따라 과업을 완수하는 능력이 탁월하다. 결과를 예측하고 변수를 통제하는 성향이 강하다.

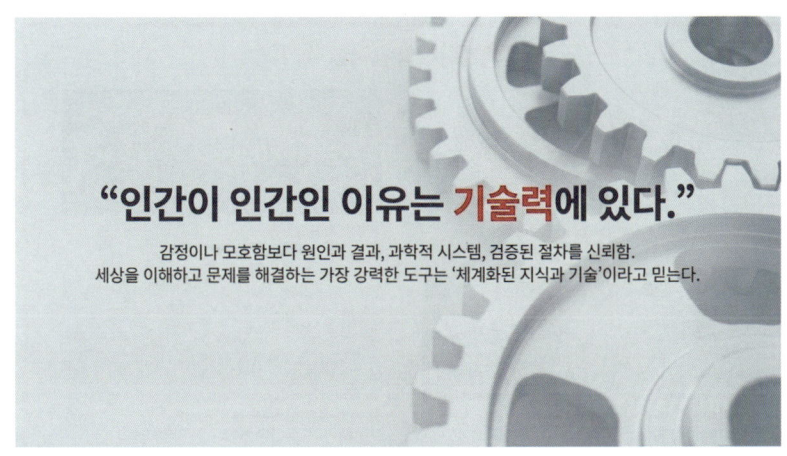

"인간이 인간인 이유는 기술력에 있다."

감정이나 모호함보다 원인과 결과, 과학적 시스템, 검증된 절차를 신뢰함.
세상을 이해하고 문제를 해결하는 가장 강력한 도구는 '체계화된 지식과 기술'이라고 믿는다.

#창의지능 네비형사고는 어떻게 발현되는가?

    목표지향적인 여정으로 모든 과정은 해결해야 할 답을 찾는 여행이다. 감정보단 사실과 데이터에 근거하여 판단한다. 즉흥적인 상황에 스트레스를 느끼며 정해진 설명서를 선호한다. 한 번에 한 가지 일을 깊게 몰두하며 파고든다. 명확한 커뮤니케이션을 위해 그들만의 전문용어를 활용한다.

#목표지향적 Goal-Oriented
#분석적 & 논리적 Analytical & Logical
#계획과 절차 중시 Values Planning & Procedure
#높은 집중력 High Concentration
#전문적 언어 사용 Uses Professional Language

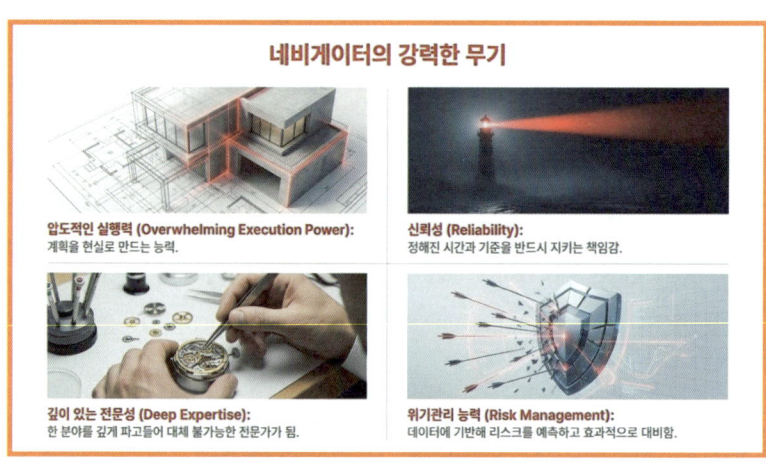

<창의 지능 네비형사고자의 강점>

<창의 지능 네비형사고자의 약점>

#창의지능 네비형 사고와 진로로 최적의 경로를 발견하라

 창의 지능 네비형사고자는 최적의 경로를 발견하는 길을 최소의 에너지로 찾는다. 이런 강점을 가장 잘 발휘할 수 있는 분야는 어디일까?

정확성과 논리가 요구되는 분야
명확한 절차와 시스템이 있는 분야
깊이 있는 전문지식이 핵심 자산이 되는 분야

 첫 번째 진로 직업군은 기술전문가이거나 분석가이다. 데이터에서 길을 찾는 특징으로 복잡한 정보 속에서 패턴과 인과관계를 발견하고 논리적 결론을 도출하는데 탁월한 전문가들이다.

- **데이터 분석가** (Data Analyst)
- **재무 분석가** (Financial Analyst)
- **전략 컨설턴트** (Strategy Consultant)
- **연구원** (R&D)

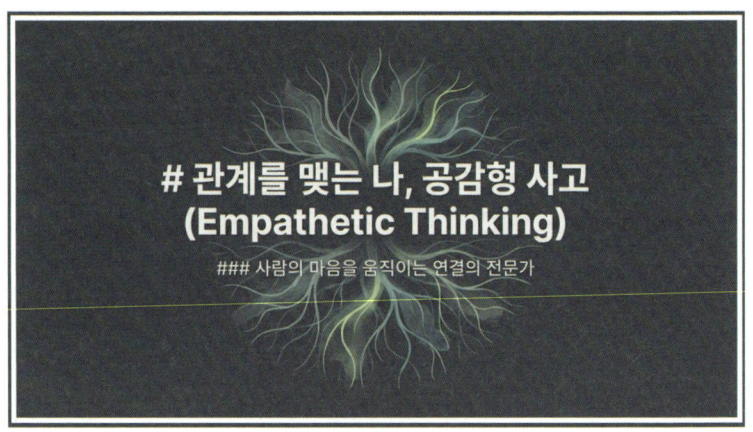

#공감형사고란?

 <창의 지능 공감형사고자>는 타인의 생각과 감정을 자신의 것처럼 느끼고 이해하는 것을 뛰어넘어, 다양한 관점을 자유롭게 타인과 연결하고 통합하여 새로운 의미와 해결책을 찾는 고차원적 사고방식가이다.

#실행력 #소리경청 #정서 #공감

#창의 지능 공감형사고는 어떻게 발현되는가?

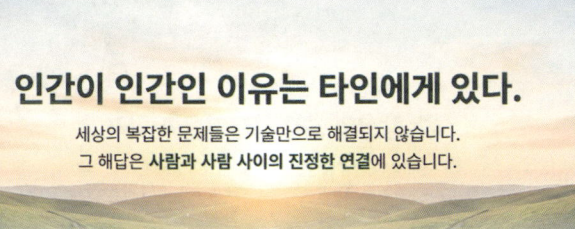

인간이 인간인 이유는 타인에게 있다.

세상의 복잡한 문제들은 기술만으로 해결되지 않습니다.
그 해답은 **사람과 사람 사이의 진정한 연결**에 있습니다.

오늘, 당신의 가장 강력한 자산인 '연결의 힘'을 믿고 세상과 관계를 맺어보세요.

맥락을 듣는 경청
단어 너머의 감정과 의도, 과거의 관점까지 연결하여 듣습니다.

통합적 사고
단편적인 정보들을 연결해 전체적인 상황과 사람의 동기를 파악합니다.

관계 형성의 촉매
사람과 사람, 아이디어와 아이디어를 연결하여 시너지를 만듭니다.

성장을 돕는 섬세함
타인의 작은 변화와 가능성을 발견하고 지지하며 성장을 돕습니다.

#맥락경청 #통합사고 #관계형성 #성장 #섬세한

#창의 지능 공감형사고 훈련방법

당신의 공감 잠재력을 깨워라

공감 능력은 타고나는 기질인 동시에,
의식적인 노력을 통해 개발하고 균형을 맞출 수 있는 '**훈련 가능한 기술**'입니다.

CREATIVE 훈련
유연성 키우기

고정관념을 깨고 불확실성에 대한
포용력을 기릅니다. (예: 안정형-리더십 강화,
불안형-경계 분석, 회피형-감정 표현 훈련)

IMAGE 훈련
상징적 사고력 보완

하나의 단어에 연결되는 이미지
3가지를 떠올리고 문장으로 완성하며
추상적 사고를 구체화합니다.

LANGUAGE 훈련
스토리텔링 능력 강화

핵심 단어를 듣고 연상되는 이야기를
즉흥적으로 만들어보며 맥락을
창조하는 힘을 키웁니다.

#창의 지능 공감형 사고와 최적의 관계를 발견하는 길

공감형 사고자의 강력한 힘은 사람과 상황의 본질을 깊이 이해하여 꿰뚫어 보는 통찰력Insight에서 나온다. 기본적인 창의성은 인간 중심의 새로운 아이디어와 해결책을 발견하는 데 있다. 흩어진 점을 연결Connection해 의미 있는 관계와 스토리를 창조하는 스킬은 진정한 신뢰를 바탕으로 팀을 이끌고 동기를 부여하는 리더십Leadership으로 드러난다.

진로 직업군 ① 사람의 마음을 얻는 전문가
성장과 변화를 돕는 역할

 * **상담사 / 코치 (Counselor / Coach):** 개인의 내면을 깊이 이해하고 잠재력을 이끌어내는 전문가.

 * **교사 / 교육 컨설턴트 (Teacher / Educational Consultant):**학습자의 눈높이에서 소통하고 성장을 지원하는 역할.

 * **인사(HR) / 조직문화 전문가 (HR / Organizational Culture Specialist):** 구성원의 몰입을 유도하고 건강한 조직을 설계하는 사람.

진로 직업군 ② 세상과 사용자를 연결하는 창조자
경험을 설계하고 스토리를 만드는 역할

- **UX/UI 디자이너 (UX/UI Designer):** 사용자의 숨겨진 니즈를 파악하여 직관적이고 만족스러운 경험을 설계.
- **마케터 / 브랜드 전략가 (Marketer / Brand Strategist):** 고객의 마음을 움직이는 스토리를 만들고 브랜드와 연결.
- **작가 / 컨텐츠 크리에이터 (Writer / Content Creator):** 세상의 다양한 이야기를 통해 독자와 깊은 정서적 유대를 형성.

#크리에이터 #컨설턴트 #상담가 #디자이너 #마케터

상상하는 인류! 꿈꾸는 인간

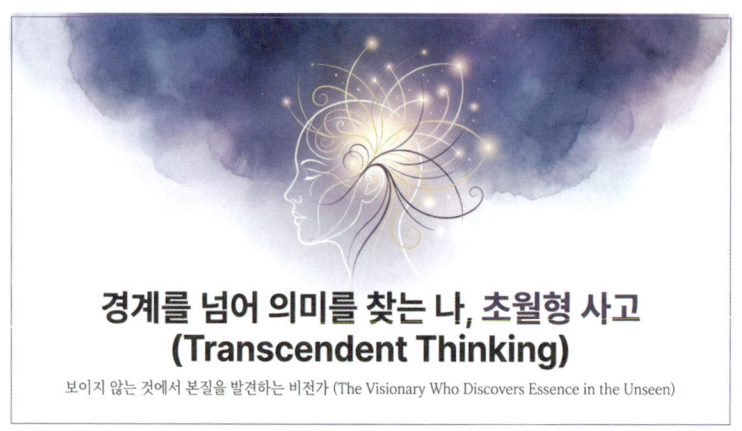

경계를 넘어 의미를 찾는 나, 초월형 사고
(Transcendent Thinking)

보이지 않는 것에서 본질을 발견하는 비전가 (The Visionary Who Discovers Essence in the Unseen)

#초월형사고란?

   <창의지능 상징형사고자>는 독창성과 상징을 통해 본질을 꿰뚫는 고차원적 사고방식을 사용한다. 정해진 틀을 넘어 새로운 가능성을 창조하며 보이는 현상 너머의 확장된 의미와 패턴을 직관적으로 찾아내는 역량이 높다.

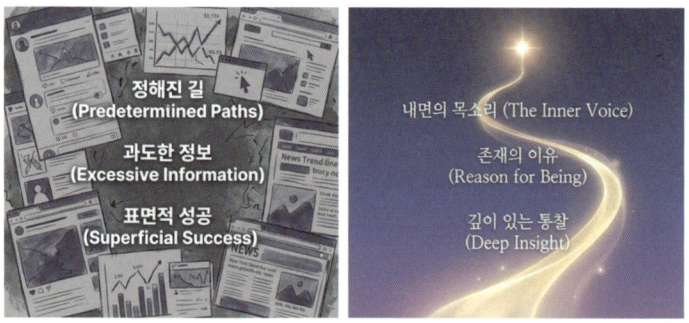

#과도한정보 #정해진길 #내면의목소리 #존재의이유

#창의 지능 초월형사고는 어떻게 발현되는가?

"인간이 인간인 이유는
신(혹은 초월적 가치)에 있다."

현상 너머의 근원, 보편적 진리, 삶의 의미를 탐구한다.
세상을 이해하고 문제를 해결하는 가장 강력한 도구는
'깊이 있는 성찰과 영감'이라고 믿는다.

  창의 지능의 정점에 오른 초월형 사고자들은 상징적이거나 함축적 언어로
표현하고 소통하는 것을 즐겨한다. 모든 현상에 대해 왜? 라는 질문으로
깊이 파고든다. 논리적인 사고들은 AI를 활용할 수 있으며 주로 찰나의 떠
오르는 느낌이나 직관을 신뢰하며 조합한다. 정해진 조직이나 틀에 자신을
두지 않고 자유로이 상상하고 연결하는 환경으로 풍부한 감수성이 떨어지
지 않도록 노력한다.

 상징적 & 은유적 사고 (Symbolic & Metaphorical):
언어를 단순 정보 전달이 아닌, 의미를 함축하는 도구로 사용.

 본질 탐구 (Quest for Essence):
'왜?'라는 질문을 통해 현상의 근원을 파고든다.

 직관과 영감 중시 (Values Intuition & Inspiration):
논리적 분석보다 순간의 깨달음과 직관을 신뢰한다.

 자유로운 사고 (Freedom of Thought):
정해진 규칙이나 관습에 얽매이지 않고 자유롭게 상상한다.

 **풍부한 감수성 (Rich Sensibility):**
감정을 통해 세상을 깊이 느끼고 공감하며 아이디어를 얻는다.

#상징형 전문가의 사각지대들

 초현실 사고자는 이상이 너무 높아 실행이나 계획의 정교함에서 현실과의 괴리Disconnect form Reality를 보이는 취약성이 있다. 목표의 명확한 과정과 정리를 통해 결과로 다가가는 과정을 누구나 공감할 수 있도록 객관적 시스템과 자료로 제시하는 과제가 관건이다.
 비규칙언어와 비언어적 접근Unsystematic Approach으로 체계가 없이 영감에만 의존한다면 업무 과정은 즉흥적이고 일관성이 떨어진다. 자신의 직관과 내면세계의 무의식을 중시하기에 타인의 의견을 간과하기 쉽다. 자기중심적인 경향Tnedency towards Self-Centeredness이 고집스럽게 보일 수 있다. 공감형 사고자들이나 네비형 사고자들이 주변에 팀으로 있다면 도움이 된다. 때로 모호한 소통Ambiguous Communication으로 자신의 복잡하고 상징적인 생각을 타인에게 이해시키는 데 어려움을 겪는다.

잠재력을 깨우는 3가지 균형 훈련
(3 Balancing Disciplines to Awaken Potential)

CREATIVE 훈련 (Grounding Creativity)	IMAGE 훈련 (Structuring Images)	LANGUAGE 훈련 (Translating Language)

**목표 (Goal):: 추상적 아이디어를 현실에 적용하기	**목표 (Goal):: 머릿속 이미지를 논리적으로 구조화하기	**목표 (Goal):: 은유를 명확한 언어로 번역하기
**행동 (Action): '만약 이 아이디어를 오늘 당장 실행한다면?'이라는 질문으로 구체적인 첫 단계를 상상해보기.	**행동 (Action):: 떠오른 이미지를 마인드맵이나 스토리보드로 시각화하여 다른 사람에게 설명해보기.	**행동 (Action):: 핵심 아이디어를 듣고, 초등학생도 이해할 수 있는 쉬운 단어와 문장으로 요약해보기.

#추상적 #논리적 #잠재력 # 은유적 #소통 #비언어적

#창의 지능 초월형 사고의 진로

　초월적 사고자의 강력한 힘은 예술적 재능과 천재성에서 나온다. 새로운 원리와 가치를 창조하는 관점으로 비본질을 깊이 본다. 뛰어난 도덕적 자각 능력으로 자신의 문제를 풀어가고 해결하는 능력이 있다. 수줍음도 있지만, 지도력으로 위엄과 품위를 지키며 타인을 존중한다.

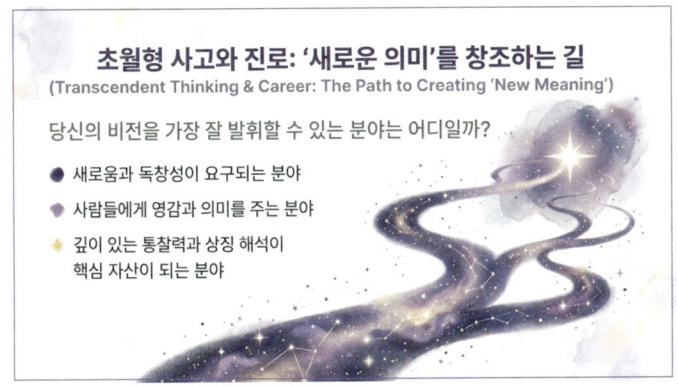

초월형 사고와 진로: '새로운 의미'를 창조하는 길
(Transcendent Thinking & Career: The Path to Creating 'New Meaning')

당신의 비전을 가장 잘 발휘할 수 있는 분야는 어디일까?

● 새로움과 독창성이 요구되는 분야
● 사람들에게 영감과 의미를 주는 분야
◆ 깊이 있는 통찰력과 상징 해석이 핵심 자산이 되는 분야

진로 직업군 ①: 창작자 & 아티스트 (Creators & Artists)

무(無)에서 유(有)를 창조하다

내면의 비전과 감성을 독창적인 형태로 표현하여 세상에 새로운 경험과 감동을 선사합니다.

작가 (Writer)
작곡가 (Composer)
화가 (Painter)
영화감독 (Film Director)
제품/경험 디자이너 (Product/Experience Designer)

　진로의 높은 적합도는 보이지 않는 것을 형상화하는 탁월한 능력, 독창적 관점과 풍부한 감수성, 환상의 세계를 동경하는 내면의 성향 때문이다.

진로 직업군 ②: 사상가 & 전략가 (Thinkers & Strategists)

미래의 지도를 그리다

복잡한 현상 속에서 핵심 패턴을 읽어내고, 미래에 대한 통찰을 바탕으로 조직이나 사회가 나아갈 방향을 제시합니다.

미래학자 (Futurologist)
브랜드 전략가 (Brand Strategist)
철학가 (Philosopher)
트렌드 분석가 (Trend Analyst)
컨셉 기획자 (Concept Planner)

AI 시대의 특별한 가치는 AI가 할 수 없는 '의미 부여'와 '가치 판단'의 영역에서 인간 고유의 초월적 사고가 대체 불가능한 경쟁력이기 때문이다.

진로 직업군 ③: 상담가 & 정신적 지도자 (Counselors & Spiritual Guides)

사람의 마음에서 길을 찾다

타인의 내면을 깊이 공감하고, 그들이 자신의 삶에서 의미와 목적을 찾도록 돕는 역할을 수행합니다.

심리 상담가 (Psychological Counselor)
라이프 코치 (Life Coach)
종교/영성 지도자 (Religious/Spiritual Leader)
인문학 교수 (Professor of Humanities)

이 분야가 적합한 이유는 인간존재의 본질을 탐구하는 성향, '인간이 인간인 이유'에 대한 근원적 질문, 높은 도덕적 자각 능력과 통찰력을 활용하는 매우 귀한 직업군이며 미래에 경쟁력있는 전문분야이다.

헤리티지 아르케
HERITAGE ARCHE

PART 3. 하루 10분, 뇌를 깨우는 '아르케(Arche)' 루틴

[3min] 숫자 연상 루틴

숫자를 이미지로 변환하기
(1=초, 2=오리...)

[3min] 우화 연상 루틴

3문장으로 이야기 재구성하기
(시작-갈등-해결)

[4min] 명화 연상 루틴

그림 속에서 관점을 비틀고
감각을 언어화하기

제3부 창의지능 루틴만들기

창의지능 커리큘럼
연상언어교육키트
창의루틴의 과학적 원리
숫자연상루틴
우화연상루틴
명화연상루틴

창의지능 커리큘럼

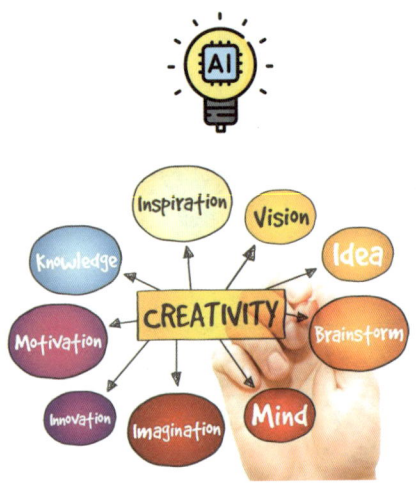

　창의지능 교육은 연구소에서 전문가 자격과정도 진행하고 대학의 학기 수업도 개설한다. 다양한 단체의 요구로 단회성의 Oneday 스팟 강의 요청도 많다. 그중에 회차의 여유를 가지고 대학에서 진행하는 교육이 충분한 토론과 생각의 공감을 통해 깊이를 갖는다.

　창의지능과 인공지능을 융합하여 배우는 연상언어 커리큘럼은 첫 강의가 중요하다. 오리엔테이션 도입 부분에 진행되는 <연상이미지로 자신소개하기>, <네임드로잉Name drawing>은 이미지와 문장 연상으로 융합하여 자신을 표현하는 언어경험을 한다. 이 체험은 처음 만나는 학습자이지만, 서로의 관계성은 놀랍게 깊어진다. 두 소개 방법은 평소 잘 알고 지내던 친구 사이에도 알지 못하던 새로운 정보를 알게 되어 이해가 깊어진다.

　스승과 제자 간에 친밀한 영향력이 생긴 이후에 배움의 시대적인 직면과 이론, 개념, 가치, 철학, 신념 체계 등을 나누는 것은 강의집중력과 내용 전달에 매우 효과적인 영향을 준다.

다음 단계는 본격적으로 창의 지능이 강조하는 연상언어역량 6개의 키워드와 연결된 창의 지능의 사고유형을 설명한다. 사고유형마다 가지고 있는 장점, 약점, 진로와 연결된 성향 등 다양한 사고의 증상을 이해한다.

다음 단계는 전문화과정으로 언어역량과 사고유형을 학습하고 체험하기 위한 <연상언어키트교육>이 시작된다. 초기 언어수업 참여에 어려움이 있는 아동이나 시니어 학습자도 간단히 연상교육키트로 체험하면서 자연스럽게 교육을 이해한다.

마지막 단계로 연상언어의 기본적인 과정과 흐름이 학습완료되면 자율화 과정으로 들어선다. 숫자와 우화, 명화로 생각과 감정, 행동을 만드는 자율적인 학습 과정을 체험해 보고 최종적으로 시범 교육안 작성도 직접 해 보며 교사로서의 '교육 교안 빌드업'도 시도한다.

글씨로 낙서하기

연상언어교육키트 'Arche 아르케'

    Arche 연상언어교육키는 헤리티지아르케 창의언어연구소에서 개발한 연상언어교구이다. 다음 세대의 아동, 청소년, 청년, 부모, 교사, 시니어 등에 가치 있는 교육환경과 고차사고언어를 물려주기 위해 창의지능의 학습효과를 높이고자 제작되었다.

    아르케 메인보드판의 원리는 네모, 원형, 세모의 도형 모양을 단어카드와 이미지 카드를 융합하여 연상 문장을 만들고 그리는 창의지능교육키트로 아래 그림과 같다.

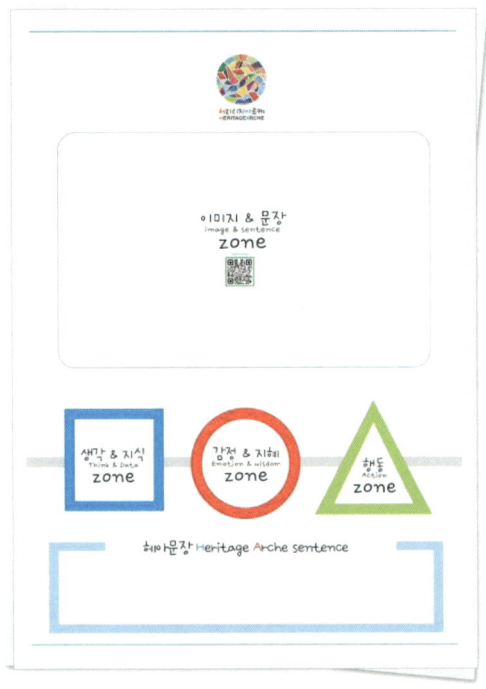

연상언어 복장 메인보드판

연상언어교육키는 4가지의 생각 도구를 사용한다. 연상은유 메타포라metahpora, 초월원리 아르케 arche, 융합문장 로고스 logos, 숫자 연상이미지이다.

키트의 구성은 메인보드판 1개, 이미지카드 10장, 네모 생각카드 10장, 동그라미 감정카드 10장, 세모 행동카드 10장과 연상언어를 연습할 수 있는 워크노트 10장이다.

첫째, 감각언어를 정리한다.
둘째, 자연언어를 정리한다.
셋째, 초월언어를 정리한다.

키트에서 제공하는 네모카드는 지식과 연결된 단어들로 연상문장을 만들게 도와주며 동그라미카드는 지혜와 연결된 단어를 정리한다. 네모와 동그라미를 융합한 세모카드는 지혜에 필요한 융합사고적 행동이 무엇인지 알려주는 단어들로 고차사고의 열쇠가 된다.

헤리티지아르케 연상언어키트

Ache 사용설명서

<키트 메인보드판 사용준비>
1. 아르케 게임키트에서 메인 보드판을 꺼낸다. (필기도구 준비)
2. 생각, 감정, 행동 단어카드 3종류를 준비한다.
3. 이미지카드를 10장을 준비한다.
4. Arce 워크북 연상언어학습 노트를 준비한다.

<키트 사용방법>
1. 워크북 Arce 연상언어학습 페이지를 펼친다.
2. 10장의 이미지카드에서 하나를 선택하여 이미지 존에 놓는다.
3. 단어카드를 선택하여 모양에 맞게 하나씩 놓는다.
4. 이미지카드를 뒤집어 확인하고 연상단어를 학습페이지에 적는다. 연상된 핵심 단어를 소개하고 이유를 발표한다.
5. 단어카드를 뒤집어 단어를 확인하고 그대로 학습양식 단어카드 모양(네모,동그라미, 세모)아래 적는다.
6. 핵심단어와 단어카드의 단어를 은유 문장으로 작성한다. (A는 B이다!)
7. 연상은유 문장을 정리하고 이유를 작성한다. (A는 B이다. 왜냐하면~) Why에 대한 이유를 서로 나눈다.
8. 3개의 완벽한 문장을 작성한 후에 하나의 통합문장을 작성한다.
9. 연상언어학습으로 정리한 핵심단어를 이미지학습 페이지의 오른쪽 위에 옮겨 적는다.
10. 단어에 연상되는 3개의 이미지를 그린 후 제목을 붙인다. 핵심단어와 제목을 은유문장으로 작성하고 작성한 문장을 나눈다.
11. 이미지로 작성된 3개의 문장을 통합문장으로 정리하고 발표한다.

네모언어 Knowledge

안과 밖의 경계가 되는 지식
읽고, 쓰고, 외워서 저장된 배움
보편적이고 과학적인 데이터
문제제시와 정답 구조
따뜻한 온도가 낮은 정보지식
인공지능으로 대체 가능한 지식

동그라미 지혜 Attitude

상상하고 그려서 저장된 감각언어
따뜻한 온도가 높은 공감데이터
상징적이며 비규칙적인 문제와 정답 구조
비언어적 이해와 인문학적 공감, 소통지혜

세모 행동 Practice

지식과 지혜의 융합
고차원적 행동지식

연상언어교육키드를 활용하여 학습양식에 위치별 기능을 연결, 설명하였다. 훈련이 진행되면서 다양한 방식으로 언어를 습득한다.

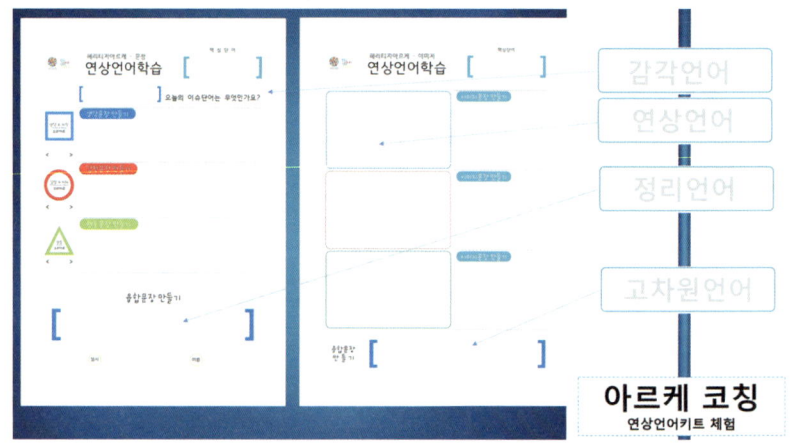

키트 샘플 기능과 위치 설명

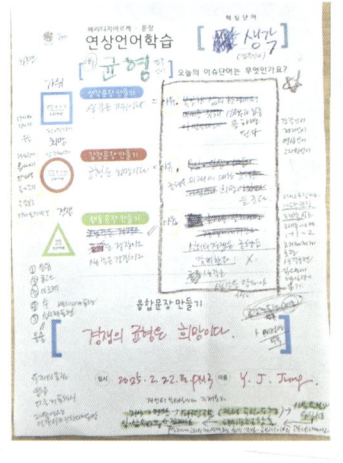
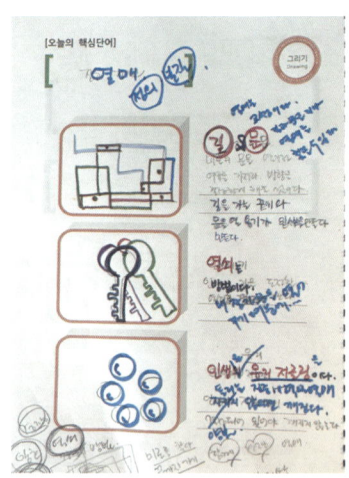

키트 수업 샘플

01

읽기
Reading

스스로 생각하도록 도와줍니다.
인문고전과 우화를 읽으며
생각의 Data를 받아갑니다.

02

그리기
Drawing

입체사고를 갖도록 도와줍니다.
새로운 지식을 어떻게 만들 것인가!

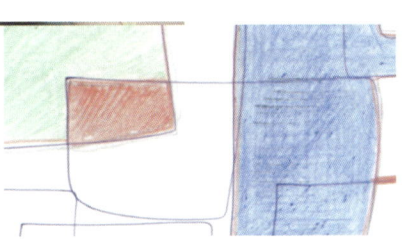

03

연상
Thinking

지식과 지혜가 연결됩니다.
쌓인 지식을 어떻게 쓸 것인가!

04

토론
Debate

나보다 우리가 중요해집니다.
무엇을 활용하여 소통 할 것인가!

창의루틴의 과학적 원리

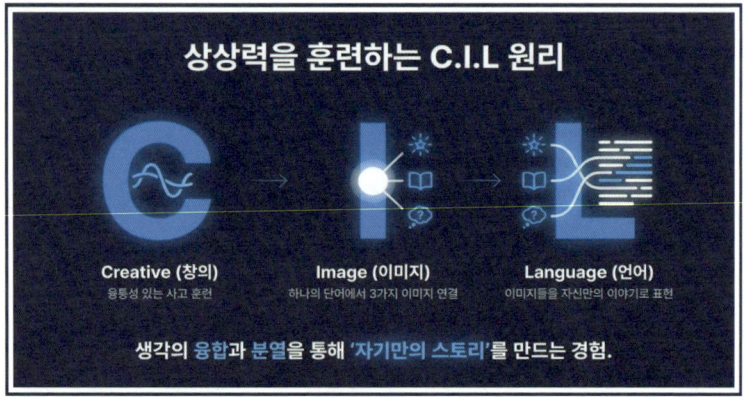

뇌는 고정된 기계가 아니다. 살아있는 유기체처럼 변화하고, 적응하고, 성장한다. 이 능력을 신경가소성Neuroplasticity이라고 부른다. 신경가소성은 뇌가 새로운 경험에 따라 신경 회로를 재구성하는 능력을 의미한다.

예를 들어, 피아노를 매일 연습하는 사람의 뇌를 MRI로 촬영하면, 손가락 움직임을 담당하는 운동피질 영역이 일반인보다 더 발달해 있다. 택시 기사처럼 길을 외워야 하는 직업을 가진 사람은 공간 기억을 담당하는 해마가 더 크다. 뇌는 우리가 자주 사용하는 기능에 맞춰 구조를 바꾼다.

창의 루틴도 마찬가지다. 매일 같은 시간에 생각 훈련을 하면, 뇌는 그 시간에 창의적 사고 모드로 전환하는 것을 학습한다. 처음에는 의식적으로 노력해야 하지만, 반복하면 자동화된다. 마치 자전거를 타듯, 생각하는 방식 자체가 루틴으로 최적화되어 움직인다.

스탠퍼드 대학교 신경과학 연구팀은 21일 동안 매일 10분씩 창의적 활동을 한 그룹과 하지 않은 그룹을 비교했다. 그 결과, 창의적 활동을 한 그룹은 전전두엽과 측두엽 사이의 연결이 25% 증가했다. 이 연결은 문제와 갈등에 답이 필요한 상황에서 '아하!'하는 순간, 즉 통찰을 유발하고 경험하는 데 핵심적인 역할을 한다.

루틴이 중요한 이유는 바로 여기에 있다. 한 번의 강렬한 경험보다, 작은 반복이 뇌를 더 깊이 바꾼다. 창의 지능은 특별한 순간에만 발휘되는 능력이 아니라, 매일의 습관 속에서 키워지는 능력이다.

매일 10분, 작은 반복이 만드는 창의적 변화

"매일 10분만 투자하라"라는 말을 들으면, 많은 사람이 의심한다. "겨우 10분으로 뭐가 달라져?" 하지만 10분의 힘은 생각보다 크다.

하루 10분은 일주일이면 70분, 한 달이면 300분, 1년이면 3,650분이다. 약 60시간이다. 60시간 동안 한 가지를 집중적으로 연습하면, 초보에서 중급 수준으로 올라갈 수 있다. 문제는 '한 번에 60시간'을 투자하는 게 아니라, '매일 10분씩 나누어' 투자하는 것이다.

뇌과학적으로 보면, 짧게 자주 반복하는 학습이 길고 드물게 학습하는 것 보다 효과적이다. 이를 분산 학습Spaced Learning이라고 부른다. 뇌는 정보를 장기기억으로 옮기는 과정에서 '반복'을 신호로 삼는다. 자주 반복되는 정보는 "이건 중요하구나!"라고 판단하고 장기기억에 저장한다.

창의 루틴도 마찬가지다. 매일 10분씩 숫자를 이미지로 바꾸거나, 우화의 핵심 단어를 융합하거나, 명작을 딴생각으로 감상하면, 뇌는

"창의적 사고를 매일 사용하는 기능이구나!"라고 인식한다. 그래서 그 기능을 강화하고, 자동화한다.

10분이라는 시간은 부담스럽지 않다. 아침에 일어나자마자, 점심 후 쉬는 시간에, 잠들기 전 침대에서도 할 수 있다. 중요한 건 '언제'가 아니라 '매일'이다.

실제로 이 루틴을 3주 동안 실천한 학생들에게 설문 조사를 했더니, 85%가 "생각하는 방식이 달라졌다."라고 답했다. 67%는 "문제를 다르게 보게 되었다."고 했고, 54%는 "일상에서 아이디어가 더 자주 떠오른다."라고 답했다. 10분은 작지만, 10분이 쌓이면 당신의 뇌 구조를 바꾼다.

루틴 설계의 3원칙

첫째, **단순성** Simplicity 루틴은 복잡하면 지속하기 어렵다. "매일 아침 일어나서 30분 동안 명상하고, 10분 동안 스트레칭하고, 20분 동안 책을 읽고…" 이런 루틴은 첫날은 할 수 있지만, 일주일이 지나면 포기한다.

단순한 루틴은 '매일 아침 숫자 하나를 이미지로 바꾸기' 같은 것이다. 한 문장으로 설명할 수 있고, 특별한 도구가 필요 없으며, 어디서든 할 수 있어야 한다. 단순할수록 지속할 수 있다.

둘째, **일관성** Consistency 루틴이다. 이 루틴은 같은 시간, 같은 장소에서 하는 것이 좋다. 뇌는 패턴을 학습한다. "매일 아침 7시에 책상에 앉으면 창의 루틴을 한다."라는 패턴이 반복되면, 7시가 되면 자동으로 뇌가 창의 모드로 전환한다.

일관성은 '의지력'을 줄인다. 매번 "오늘 할까? 말까?" 고민하면 의

지력이 소모된다. 하지만 "매일 7시에 한다."라고 정해두면, 고민할 필요가 없다. 그냥 한다.

셋째, **점진적 확장**Gradual Expansion이다. 루틴은 작게 시작해서 천천히 확장한다. 처음부터 "하루 1시간씩 하겠다."라고 과도한 목표를 세우면 부담스럽다. 대신 "하루 5분씩 시작해서, 익숙해지면 10분으로 늘리고, 더 익숙해지면 15분으로 늘린다."라는 식으로 점진적으로 확장하면 지속할 수 있다.

뇌는 급격한 변화를 싫어한다. 작은 변화는 받아들이지만, 큰 변화는 저항한다. 그래서 작게 시작하는 것이 중요하다. 일단 시작하면, 확장은 자연스럽게 따라온다.

마음속 생각으로 만드는 이미지 스토리텔링 교육
창의성유발 생각하는 교육

[핵심 메시지]

창의 루틴은 뇌의 신경 가소성을 활용한다. 매일 10분의 작은 반복이 뇌 구조를 바꾸고, 단순성, 일관성, 점진적 확장의 원칙을 따르면 지속할 수 있나.

[실천 미션]

1. 내일부터 시작할 창의 루틴을 하나 정하자.
    (예: 매일 아침 숫자 하나를 이미지로 바꾸기)
2. 루틴을 실행할 시간과 장소를 구체적으로 정하자.
    (예: 매일 아침 7시, 책상 앞에서)
3. 첫 주는 5분만 투자하자. 익숙해지면 10분으로 늘리자.

숫자 창의지능루틴

숫자는 추상적이다. 1, 2, 3이라는 기호는 그 자체로는 아무 의미가 없다. 하지만 우리가 그 숫자에 이미지를 부여하면, 추상은 구체가 된다. 아르케arche 연상이미지언어 학습은 숫자를 이미지 연상사고로 학습한다. 이러한 훈련은 창의 지능, 상징적 사고, 비유, 메타포metahpor 능력, 스토리텔링 능력을 강화하는 데 효과적이다.

숫자를 이미지로 연상하는 사고훈련이란 무엇인가? 숫자를 단순한 '계산의 도구'가 아니라 상징적 연상 형태, 개념, 감정, 상황을 불러오는 촉발 장치로 캐릭터화하여 사용하는 사고법이다.

왜 숫자를 사용할까? 인지적인 측면에서 형태적 특징을 가지고 있다. 각각 생긴 모양이 '상형문자'처럼 상징을 불러오기가 쉽다. 또한, 명쾌한 개념적 특징을 가지고 있다. 크기, 증가와 감소, 연속성 등의 의미가 확장됨을 모두가 공감한다. 좀 더 의미를 확장해 보면 나라별 문화적 상징성이 있다. 7은 완성, 3은 조화, 8은 무한과 연결되는 문화적 메타포[8]이다.

추상을 구체적으로 바꾸는 힘

숫자(추상기호)→ 시각적 이미지 → 의미, 서사 확장기법

숫자 연상루틴은 네 단계로 진행된다. 첫 번째로 숫자를 다양한 상황에 맞게 선택하도록 돕는다. 오늘의 날짜, 나이, 좋아하는 숫자 등

---

[8] 메타포는 흔히 은유라고 번역된다. A는 B이다.와 같이 서로 다른 두 대상을 직접적으로 연결하며 A와 B를 빗대어 표현하는 수사법

아무거나 좋다. 예를 들어, 오늘이 7일이라면 숫자 7을 선택한다.

두 번째로 숫자 7을 보고 떠오르는 이미지를 생각한다. 7은 행운의 숫자라고 하니 네잎클로버가 떠오를 수도 있고, 7의 모양이 낫처럼 생겼으니 낫이 떠오를 수도 있다. 혹은 일주일이 7일이니 달력이 떠오를 수도 있다.

중요한 건 '정답'이 아니라 '나만의 연상'이다. 다른 사람이 뭐라고 생각하든, 내가 떠올린 이미지가 가장 중요하다.

세 번째로 이미지를 하나의 문장이나 짧은 이야기로 만든다. "7은 네잎클로버. 왜냐하면, 7은 행운의 숫자이고, 네잎클로버도 행운을 상징하기 때문이다." 혹은 "7은 낫이다. 왜냐하면, 7의 모양이 낫처럼 휘어져 있기 때문이다."

스토리는 기억을 강화한다. 단순히 "7 = 네잎클로버"라고 외우는 것보다, 이유를 함께 기억하면 훨씬 오래 남는다.

마지막으로 의미의 확장이다. 이제 이 이미지를 다른 상황에 적용해 본다. "오늘은 7일이니, 행운의 날이다. 오늘 하루는 새로운 시도를 해보자." 혹은 "7의 낫처럼, 불필요한 것을 잘라내는 하루로 만들자."

숫자는 더 이상 추상적인 기호가 아니다. 의미 있는 상징이 되고, 행동의 동기가 된다.

지식의 깊이를 알고 자신의 진로를 찾아가는
창의이미지언어독서 **질문하는 교육**

실습: 숫자 1~20 연상스토리텔링 트레이닝

이제 직접 해보자. 아래 숫자들을 보고, 떠오르는 이미지를 적어보자. 정답은 없다. 오직 당신만의 연상이 중요하다.

숫자 1: (예: 연필, 나무, 시작)
숫자 2: (예: 백조, 귀, 친구)
숫자 3: (예: 삼각형, 클로버, 가위바위보)
숫자 4: (예: 사각형, 사계절, 네잎클로버)
숫자 5: (예: 별, 손가락, 오각형)
숫자 6: (예: 주사위, 육각형, 6시 방향)
숫자 7: (예: 행운, 낫, 일주일)
숫자 8: (예: 무한, 안경, 눈사람)
숫자 9: (예: 구름, 풍선, 거의 완성)
숫자 10: (예: 완벽, 손가락 10개, 만점)

이렇게 1부터 10까지 이미지를 만들었다면, 이제 그것을 하나의 이야기로 연결해 보자.

"연필(1)로 백조(2)를 그렸는데, 백조가 클로버(3)밭에서 네잎클로버(4)를 찾다가 별(5)을 발견했다. 별은 육각형(6) 모양이었고, 그 안에는 행운의 낫(7)이 숨어있었다. 낫을 들고 무한(8)의 길을 걷다가 구름(9) 위에 도착했고, 거기서 완벽한(10) 보물을 발견했다."

이 이야기는 황당할 수 있지만, 그래서 더 기억에 남는다. 뇌는 논리적인 것보다 감정적이고 시각적인 것을 더 잘 기억한다.

11부터 20까지도 같은 방식으로 해보자. 매일 하나씩 연습하면, 20일 후에는 숫자를 보는 방식 자체가 달라져 있을 것이다.
일상에서 숫자 연상 활용하기
숫자 연상루틴은 단순한 게임이 아니다. 실생활에 다양하게 활용할 수 있다.

전화번호 외우기
전화번호를 이미지로 바꾸면 쉽게 외울 수 있다. 예를 들어, 010-1234-5678이라는 번호가 있다면, "공(0) 위에 연필(1)이 있고, 백조(2)가 클로버(3)를 먹고, 네잎클로버(4)를 찾다가 별(5)을 발견하고, 육각형(6) 안에서 낫(7)을 들고 무한(8)을 그렸다."는 식으로 이야기를 만들 수 있다.

비밀번호 만들기
의미 없는 숫자 조합보다, 자신만의 이미지로 연결된 숫자를 사용하면 보안성도 높고 기억하기도 쉽다.

날짜 기억하기
생일, 기념일, 시험일 등을 숫자 이미지로 바꾸면 자연스럽게 기억된다.

수학 공부
숫자에 익숙해지면 수학도 덜 어렵게 느껴진다. 숫자가 단순한 기호가 아니라 의미 있는 이미지로 다가오면, 계산도 더 재미가 생긴다.

숫자 연상루틴은 창의 지능의 가장 기본적인 훈련이다. 추상을 구체로 바꾸는 이 능력은 모든 창의적 활동의 출발점이다.

[핵심 메시지]

숫자 연상루틴은 추상을 구체로 바꾸는 훈련이다. 숫자 → 이미지 → 스토리 → 의미 확장의 4단계를 거치면, 숫자는 단순한 기호가 아니라 창의적 도구가 된다.

[실천 미션]

1. 오늘의 날짜 숫자를 선택하고, 그것을 이미지로 바꿔보자.
2. 1부터 10까지 나만의 숫자 이미지를 만들고, 하나의 이야기로 연결해 보자.
3. 이번 주 전화번호 하나를 숫자 이미지로 외워보자.

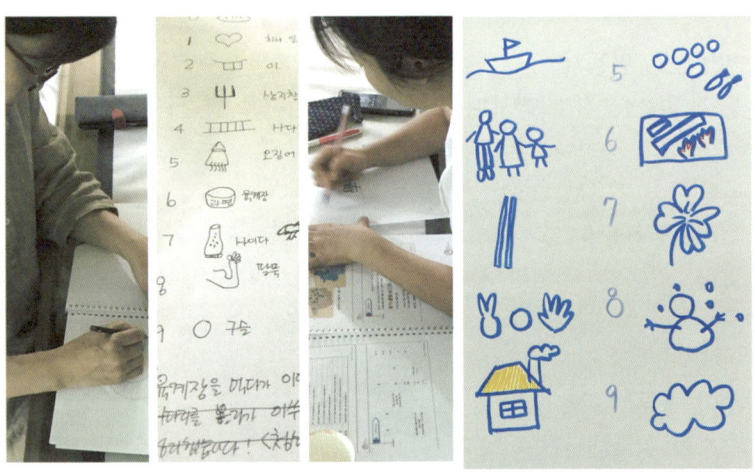

우화 연상루틴

여러 편의 우화를 학습자와 함께 읽고 토론한 생각들을 다양한 관점에서 정리했다. 그중에서도 나는 이 우화가 참 마음에 든다.

좋은 것과 나쁜 것들 Good things and vad things

좋은 것들은 허약한지라 나쁜 것들에 쫓겨 하늘로 올라갔다.
그러자
좋은 것들이 어떻게 해야 사람들에게 갈 수 있겠는지
제우스 신에게 물었다.

제우스가 좋은 것들에게 이르기를
사람들에게 다가가되 한꺼번에 몰려가지 말고 하나씩 가라고 했다.
그리하여 나쁜 것들은 가까이 사는 까닭에 늘 사람들을 공격하지만,
좋은 것들은 하늘에서 하나씩 내려와야 하기 때문에
드문드문 사람들을 찾아가는 것이다.

비이 전조 현상은 구름이다. 〈개미가 줄을 지어 이동해도 비가 온다. 제비가 낮게 날아도 비가 온다. 먹구름이 일면 비가 온다. 아침 무지개는 비가 오고 저녁 무지개는 갠다. 연못의 물고기가 물 위로 입을 내밀면 비가 온다.〉
세상은 언제나 다가올 일의 어두운 그림자를 먼저 보여준다. 왜? 그것이 더 강하기 때문이다. 우리가 많은 자연현상을 보고 비와 태풍과 지진, 계절을 예측하듯이 좋은 일과 나쁜 일은 일상의 삶에서 패턴을 찾을 수 있다. 내 주변에 좋은 사람이 많으면 좋겠지만, 내가 다른 사람들에게 좋은 사람이 되어주는 것도 필요하다. 그러나 사람들은 내 환경이 좋기만을 바란다. 현재를 바라보는 시선, 그 방향이 곧 미래를 만든다. 나쁜 것들이 많은 세상에 불안한 마음을 우리는 무엇으로 예측하고 확신해야 할까!

우화는 짧지만 강력하다. 몇 줄의 이야기 속에 인생의 교훈이 담겨 있다. 이솝우화의 '거북이와 토끼', '개미와 베짱이' 같은 이야기는 수천 년이 지난 지금도 우리에게 의미를 준다.

우화 연상루틴은 **현실의 문제를 우화로 재해석하는 훈련**이다. 복잡한 문제를 단순한 이야기로 바꾸면 본질이 보인다.

예를 들어, "친구와 갈등이 생겼다."라는 문제가 있다고 하자. 이것을 우화로 바꿔보면

"두 마리의 고슴도치가 추운 겨울에 서로 몸을 맞대고 따뜻하게 지내려 했다. 하지만 너무 가까이 가면 가시에 찔렸고, 너무 멀어지면 추웠다. 두 고슴도치는 서로에게 상처 주지 않으면서도 따뜻함을 나눌 수 있는 거리를 찾아야 했다."

짧은 이야기로 사고 확장하기

이 우화는 쇼펜하우어가 인간관계를 설명하기 위해 만든 '고슴도치 딜레마'다. 친구와의 갈등을 이 우화에 비유하면, "우리는 너무 가까워서 서로 상처를 주고 있구나. 적절한 거리가 필요해"라는 통찰을 얻을 수 있다. 심리학에서는 '건강한 경계선'이라는 표현이 있다. 연인간의 거리, 친구와의 거리, 사회적 거리, 국가간의 거리 등 관계성마다 다른 거리감을 알아야 한다. 이 우화로 생각의 관점을 재해석하는 과정은 다음과 같다.

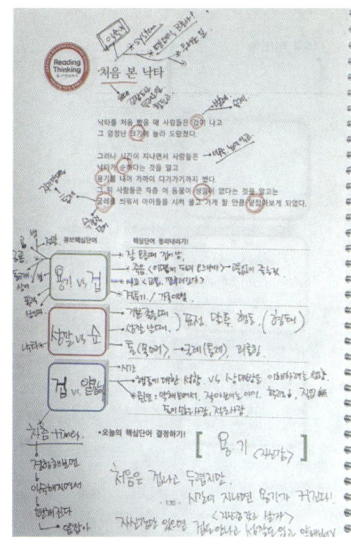

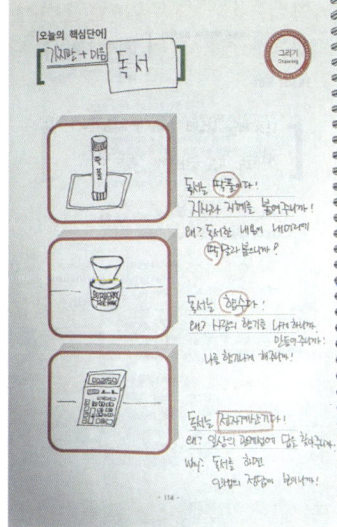

1단계: 문제의 핵심단어 찾기

제시된 문장에서 내가 중요하게 생각하는 핵심단어는 무엇
인지 선택하기(우선순위 결정스킬)

2단계: 관점 비틀기

우화에 등장하는 인물, 사건, 시간, 해결구조 등의 관점을
다르게 바라보는 토론하기

3단계: 융합문장 만들기

핵심단어로 정리된 의미를 생각하며 3개의 단어를 활용하여
우화의 메시지에 연관된 최종문장 만들기

<실습: 3문장 우화 만들기>
핵심단어와 융합문장 3개만 있다면 우화를 만드는 미션이 가능하다.

주제 1: 미루는 습관

> 문장1(시작):작은 새 한 마리가 둥지를 짓기로 마음먹었다.
> 문장2(갈등):하지만 "내일 하지 뭐"라고 생각하며 매일 미뤘고, 어느새 겨울이 왔다.
> 문장3(해결): 새는 추운 겨울을 나무 구멍에서 떨며 보냈고, 이듬해 봄이 오자마자 둥지를 짓기 시작했다.

주제 2: 비교하는 마음

> 문장1(시작): 두 나무가 나란히 자라고 있었다.
> 문장2(갈등): 한 나무는 옆 나무가 더 빨리 자라는 것을 보며 불안해했고, 자신의 뿌리를 제대로 내리지 못했다.
> 문장3(해결): 태풍이 왔을 때, 뿌리가 약한 나무는 쓰러졌고, 자신의 속도로 뿌리를 내린 나무는 살아남았다.

> 이제 내가 일상에서 겪고 있는 갈등이나 해결해야 할 문제, 고민, 친구관계 등의 이슈 단어로 시작하여 우화를 만들어 보자.
> 지금 고민하는 문제들이 3문장으로 생각을 더 해가며 우화를 만들다 보면 자연스럽게 문제의 해결 과정에 필요한 아이디어들이 떠오를 것이다.

우화적 사고가 문제해결에 미치는 영향

우화적 사고는 문제를 '거리 두기'로 하게 해준다. 내 문제를 직접 들여다보면 감정이 앞서지만, 우화로 바꾸면 객관적으로 볼 수 있다.

심리학에서는 이를 **인지적 재구성**Cognitive Reframing이라고 부른다. 같은 상황을 다른 프레임으로 보면, 해결책도 달라진다. 우화는 바로 그 프레임을 제공한다.

MIT 미디어랩의 연구에 따르면, 복잡한 문제를 우화나 비유로 재해석한 그룹이 직접 문제를 분석한 그룹보다 창의적인 해결책을 32% 더 많이 제시했다. 이유는 간단하다. 우화는 본질만 남기고 나머지를 제거하기 때문이다.

예를 들어, "진로를 정하지 못해 고민이다."라는 문제가 있다고 하자. 이것을 직접 분석하면 "내 적성은 뭐지? 어떤 직업이 유망하지? 부모님은 뭐라고 하실까?" 같은 복잡한 생각에 빠진다.

하지만 우화로 바꾸면
"나무는 씨앗일 때 자신이 어떤 나무가 될지 몰랐다. 하지만 햇빛이 있는 쪽으로 가지를 뻗고, 물이 있는 쪽으로 뿌리를 내렸다. 시간이 지나자, 나무는 자신만의 모양으로 자라 있었다."
이 우화에서 얻을 수 있는 통찰은 "지금 당장 정답을 찾으려 하지 말고, 내가 끌리는 쪽으로 한 걸음씩 나아가면 된다."라는 것이다.
우화적 사고는 또한 **공감 능력**을 키운다. 내 문제를 동물이나 자연에 비유하는 과정에서, "모든 생명은 각자의 속도와 방식으로 성장한다."라는 것을 자연스럽게 깨닫게 된다. 이것은 자기 자신뿐 아니라 타인을 이해하는 데도 도움이 된다.

실제로 우화 연상루틴을 4주 동안 실천한 학생들을 대상으로 설문 조사를 한 결과, 78%가 "문제를 더 단순하게 보게 되었다."고 답했고, 65%는 "스트레스가 줄었다."고 답했다. 우화는 단순히 이야기가 아니라, 마음을 치유하고 생각을 정리하는 도구다.

[핵심 메시지]

우화 연상루틴은 복잡한 문제를 단순한 이야기로 재해석하는 훈련이다. 우화적 사고는 본질을 발견하게 하고, 문제를 객관적으로 바라보게 하며, 공감 능력을 키운다.

[실천 미션]

1. 지금 고민하는 문제 하나를 선택하고, 그것을 동물이나 자연에 비유해 보자.
2. 그 비유를 3문장 우화로 만들어 보자.
3. 우화에서 얻은 통찰을 한 문장으로 정리하고, 오늘 그것을 실천할 작은 행동 하나를 정해보자.

명작 연상루틴

평면사고
미술매체

입체사고
영상매체

행동유발
심리매체

통합사고
인성향상

명작은 이미 완성된 창작물이다. 수백 년, 수천 년 동안 사람들의 사랑을 받아온 작품에는 보편적 가치가 담겨 있다. 하지만 명작을 단순히 '감상'하는 것으로 끝나면, 그것은 수동적 경험에 머문다.

명작을 활용한 연상루틴은 작가의 깊이 있는 사유를 **창의지능의 도구로 활용하는 훈련**이다. 감상에서 멈추지 않고, 작가의 관점에서 질문하고, 보편적인 이미지의 생각을 변형시키고 새로운 사고를 창작으로 이어지는 네 단계를 반복한다.

다양한 종류의 명작은 우리의 창의 지능을 즐겁게 높여주는 재료이다. 현실주의자의 작품, 추상파 화가의 비현실적인 작품, 바스키아 같은 낙서작품 등 각기 다른 이미지로 생각의 근육을 단련하는 무늬를 만들어 보자.

명화·고전·음악을 창의 도구로 활용하기

작품감상->질문생성->변형->새로운 창작패턴

1단계: 작품 감상

> 명화 한 점, 고전 한 구절, 음악 한 곡을 선택한다. 최소 3분 동안 집중해서 감상한다. 이때 "무엇이 보이는 가?" "무엇이 들리는가?" "어떤 느낌이 드는가?"를 의식하며 관찰한다.

2단계: 질문 생성

작품에 대해 최소 5개의 질문을 만든다. 예를 들어, 빈센트 반 고흐의 '별이 빛나는 밤'을 감상했다면

> - 왜 하늘이 소용돌이치는가?
> - 교회 첨탑은 무엇을 상징하는가?
> - 고흐는 이 그림을 그리며 무슨 생각을 했을까?
> - 만약 이 그림이 낮 풍경이었다면 어땠을까?
> - 내 인생의 '별이 빛나는 밤'은 언제였을까?

질문은 작품을 깊이 있게 이해하게 한다. 단순히 "예쁘다"에서 멈추지 않고, "왜 예쁘다고 느끼는가?"를 묻게 된다.

3단계: 변형

작품의 한 요소를 바꿔본다. 예를 들어

> - 만약 '별이 빛나는 밤'의 색감을 파랑 대신 빨강으로 바꾼다면?
> - 만약 배경이 시골이 아니라 도시였다면?
> - 만약 이 그림을 음악으로 표현한다면 어떤 느낌일까?

변형은 창의성의 핵심이다. 기존의 것을 그대로 받아들이지 않고, "다르게 하면 어떻게 될까?"를 실험하는 과정이다.

4단계: 새로운 창작

> 작품에서 영감을 받아 나만의 창작물을 만든다. 그림, 글, 음악, 사진, 무엇이든 좋다. 중요한 건 '완벽함'이 아니라 '시도'다.
>
> 예를 들어, '별이 빛나는 밤'에서 영감을 받아 "내 인생의 별이 빛나는 밤"을 주제로 짧은 글을 쓸 수 있다. 혹은 소용돌이치는 하늘을 내 방식으로 그려볼 수도 있다.
>
> 이 네 단계를 거치면, 명작은 더 박물관에만 있는 것이 아니라, 내 창의 지능을 키우는 살아있는 도구가 된다.

실습: 명화 3점 선택하여 나만의 해석 만들기

이제 직접 해보자. 아래 세 가지 카테고리에서 각각 하나씩 작품을 선택하고, 앞서 배운 네 단계를 실행해 보자.

명화 카테고리 (하나 선택)

> - 레오나르도 다빈치 '모나리자'
> - 에드바르 뭉크 '절규'
> - 파블로 피카소 '게르니카'
> - 클로드 모네 '수련'
> - 구스타프 클림트 '키스'

고전 문학 카테고리 (하나 선택)

> - "길은 두 갈래였다. 나는 사람이 적게 간 길을 택했다."
>   : 로버트 프로스트
> - "되느냐 안 되느냐, 그것이 문제로다." : 셰익스피어 '햄릿'
> - "어린 왕자는 장미꽃이 세상에 단 하나뿐이라고 생각했다."
>   : 생텍쥐페리
> - "모든 행복한 가정은 서로 닮았지만, 불행한 가정은 제각기
>   이유가 다르다." : 톨스토이

음악 카테고리 (하나 선택)

> - 베토벤 '운명 교향곡'
> - 비발디 '사계' 중 '봄'
> - 쇼팽 '녹턴'
> - 존 레넌 'Imagine'
> - 방탄소년단 'Spring Day'

선택한 작품마다 다음을 실행하자!
1. 3분 동안 감상하기
2. 3개의 질문 만들기
3. 한 가지 요소 변형하기
4. 영감을 받아 짧은 글(3문장) 쓰기

이 과정을 거치고 나면, 당신은 그 작품을 단순히 '본 사람'이 아니라 '대화한 사람'이 된다.

명화 루틴과 문화적 소양의 통합

명화 연상루틴은 창의 지능을 키울 뿐 아니라, 문화적 소양도 함께 키운다. 문화적 소양이란 단순히 '많이 아는 것'이 아니라, '깊이 이해하고 연결하는 것'이다.

예를 들어, 피카소의 '게르니카'를 감상하면서 스페인 내전의 역사를 알게 되고, 전쟁의 비극을 시각적으로 이해하게 된다. 베토벤의 '운명 교향곡'을 들으면서 그가 청력을 잃어가는 와중에도 음악을 포기하지 않았다는 이야기를 알게 되고, '역경 속에서도 창작하는 힘'에 대해 생각하게 된다.

명화는 시대를 초월한 질문을 던진다. "아름다움이란 무엇인가?" "고통을 어떻게 표현할 것인가?" "사랑은 어떻게 전달되는가?" 이런 질문들은 수백 년 전에도 중요했고, 지금도 중요하며, 미래에도 중요할 것이다.

명화 루틴을 지속하면, 자연스럽게 다양한 문화와 역사를 접하게 된다. 이것은 단순한 지식을 넘어, **세상을 바라보는 시야**를 넓힌다. 서양 미술만 보던 사람이 동양 수묵화를 접하면, 완전히 다른 미의 기준을 발견한다. 클래식만 듣던 사람이 재즈를 접하면, 즉흥성과 자유로움의 가치를 깨닫는다.

문화적 소양이 높은 사람은 창의 지능도 높다. 왜냐하면, 창의성은 '연결'에서 나오고, 연결은 '다양한 경험'에서 나오기 때문이다.

실제로 르네상스 시대의 천재들(다빈치, 미켈란젤로 등)은 모두 다방면에 관심을 가진 사람들이었다. 다빈치는 화가이자 과학자였고, 음악과 건축에도 조예가 깊었다. 이런 다양한 경험이 그의 창의성을 만들었다.

당신도 매일 하나씩 명화를 만나보자. 한 달 후면 30개의 작품과 대화한 사람이 되고, 1년 후면 365개의 작품에서 영감을 받은 사람이 된다.

[핵심 메시지]
명화 연상루틴은 감상을 넘어 질문, 변형, 창작으로 이어지는 능동적 경험이다. 명화는 창의 지능의 도구이자, 문화적 소양을 키우는 통로다.

[실천 미션]
1. 오늘 명화 하나를 선택하고, 3분 동안 집중해서 감상하자.
2. 그 작품에 대해 5개의 질문을 만들어 보자.
3. 작품에서 영감을 받아 3문장의 글을 써보자.

하나의 이어진 곡선으로 자유롭게 그린
추상적 스타일의 그림 그려줘!

PART 4. AI와 창의지능의 융합

AI의 역할

- 패턴 인식 (Pattern Recognition)
- 데이터 조합 (Data Combination)
- 확률적 최적화 (Probabilistic Optimization)

인간의 역할

- 질문 설계 (Question Design)
- 맥락 부여 (Contextualization)
- 의미 있는 연결 (Meaningful Connection)

AI + 나의 생각 = 새로운 창조물

제4부 AI와 창의지능의 융합

AI는 최고의 창조성 코파일럿

AI는 창의 지능의 확장 파트너다
어떻게 질문하느냐가 창의 지능을 결정한다.

프롬프트의 디자인 기본기

좋은 프롬프트의 4요소
프롬프트 유형별 설계법
아이디어 발산형/문제 해결형/스토리확장형/데이터분석형

AI와 함께하는 창의실험실 Arche Lab

직선·곡선·도형을 AI로 확장하기
숫자·우화·명화 루틴을 AI로 업그레이드
"AI + 나의 생각 = 새로운 창조물" 훈련

나만의 창의 데이터셋 구축하기

창의지능 성장을 위한 개인 아카이브의 중요성
관심 키워드 축적법
아이디어 라이브러리 구축
이미지·텍스트·도형 연결 데이터셋 만들기
"나만의 사고지도(Mind Atlas)" 설계

데이터 너머의 통찰력

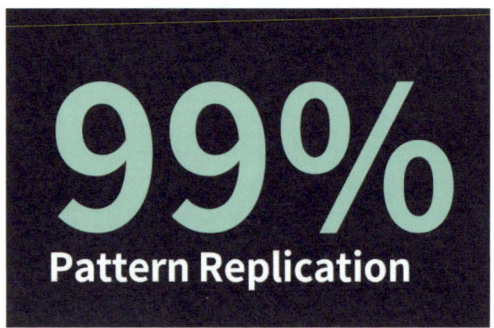

AI는 기존 데이터의 99%를 완벽하게 학습하고 복제할 수 있습니다. 하지만 세상에 없던 '새로운 방향'을 제시하는 1%는 인간의 영감과 창의지능에 달려 있습니다. 99%에게는 100%가 되기 위해 무늬가 다른 1%와 친구가 되어야 합니다.

AI는 최고의 창조성 코파일럿

"AI는 마법이 아니다. AI는 **패턴 인식과 조합 엔진**이다. 수많은 데이터 속에서 패턴을 찾아내고, 그 패턴을 새롭게 조합하는 것이 AI가 하는 일이다.

예를 들어, ChatGPT 같은 언어 모델은 수십억 개의 문장을 학습해서, "이런 맥락 뒤에는 이런 단어가 올 확률이 높다."는 패턴을 학습한 것이다. 이미지 생성 AI는 수백만 장의 그림을 학습해서, "이런 요소들을 조합하면 이런 스타일의 그림이 나온다."는 패턴을 학습한 것이다. AI는 놀라울 정도로 빠르고 정확하지만, 본질적으로는 '이미 존재하는 것'의 조합이다. AI는 완전히 새로운 것을 창조하지 못한다. 인간이 한 번도 만들어 본 적 없는 것, 인간이 한 번도 생각해 본 적 없는 것을 AI는 만들어 낼 수 없다.

하지만 그렇다고 AI가 쓸모없다는 뜻은 아니다. 오히려 그 반대다. AI는 인간의 창의 지능을 **확장**하는 최고의 도구다.

AI는 창의 지능의 확장 파트너다

창의 지능이 높은 사람이 AI를 사용하면, 그 효과는 몇 배가 된다. 왜냐하면 AI는 인간이 던진 질문의 질에 따라 결과가 달라지기 때문이다. 좋은 질문을 던지는 사람은 AI에서 좋은 답을 얻는다. 창의적인 프롬프트를 입력하는 사람은 AI에서 창의적인 결과를 얻는다. 컴퓨터 업계의 유명한 명언인 "GIGO : Garbage In, Garbage Out"은 AI 시대에도 핵심 원칙이다.

결국, 인공지능 시대에 중요한 것은 'AI를 쓰느냐 안 쓰느냐'가 아니라, '어떻게 쓰느냐'다. 이 시대에 스마트폰을 안 쓰는 사람은 거의 없다. 하지만 여전히 전화와 카톡만 사용하는 사람들이 있다. 그들의 스마트폰으로 검색한 정보화 수준은 AI를 자유자재로 다루는 사람의 정보화 수준은 하늘과 땅 차이가 난다.

AI를 잘 사용하기 위해서는 먼저 AI가 할 수 있는 것과 할 수 없는 것을 알아야 한다. 내가 아는 학생은 "AI야 숙제해 줘!"라고 말하니까 숙제를 안 해주더라고 나에게 항의를 했다. 과연 AI가 숙제를 못 해줄까? 아니면 AI를 대하는 그 학생의 요구에 문제가 있을까?

AI가 할 수 있는 것을 먼저 정리해 보자.

> **AI가 잘하는 것은**
> - 대량의 정보를 빠르게 분석하기
> - 패턴을 발견하고 예측하기
> - 기존의 스타일을 모방하고 조합하기
> - 반복적인 작업을 자동화하기
> - 여러 가지 옵션을 빠르게 제시하기 등이다.

예를 들어, "르네상스 스타일로 고양이 그림을 그려줘"라고 하면 AI는 멋진 그림을 만들어 낸다. "이 데이터에서 어떤 경향성이 보이는지 분석해 줘"라고 하면 AI는 순식간에 결과를 제시한다. 위에서 언급한 숙제도 "한국의 조선시대의 정치와 현재의 정치를 비교 분석하고 정리해 줘!"라고 정확한 숙제의 내용을 말했다면 깜짝 놀랄 정도로 정확하게 숙제를 해줬을 것이다. 그렇다고 모든 것을 다 할 수 있는 것은 아니다. 그러면 AI는 어떤 것들을 할 수 없을까?

AI가 못하는 것은
- 아무도 생각해 본 적 없는 완전히 새로운 질문 던지기
- 맥락 없는 상황에서 직관적으로 판단하기
- 윤리적 딜레마에서 가치를 기반으로 선택하기
- 실패를 통해 배우고 성장하기
- 감정을 진정으로 이해하고 공감하기 등이다.

예를 들어, AI에 "세상을 바꿀 질문을 만들어줘"라고 하면, AI는 그럴듯한 질문을 만들지만, 그것이 정말 세상을 바꿀 질문인지는 인간이 판단해야 한다. AI는 "이런 질문들이 많이 언급되었다."는 정보를 줄 뿐, "이 질문이 지금 이 시대에 정말 필요하다."는 통찰은 주지 못한다. AI는 도구다. 망치가 아무리 좋아도 어디에 못을 박을지는 인간이 결정하듯, AI가 아무리 강력해도 무엇을 만들지는 인간이 결정한다.

물론 최근 고도화된 AI는 위에서 언급한 AI가 못하는 것들을 일부 하고 있다. 마치 못을 스스로 생각해서 박는 것처럼 보인다. 하지만 엄밀히 내부를 들여다보면 인간이 못을 박아야 하는 위치나 상황을 AI에 입력했기 때문에 입력을 바탕으로 박는 것이다.

어떻게 질문하느냐가 창의력을 결정한다

AI 시대에 가장 중요한 능력은 **질문 설계 능력**이다. 같은 AI를 사용해도, 어떤 질문을 던지느냐에 따라 결과는 천차만별이다.

예를 들어, "창의적인 아이디어 알려줘"라고 물으면, AI는 일반적인 답변을 한다. 하지만 "10대 청소년이 환경 문제를 해결하기 위해 학교에서 실천할 수 있는, 비용이 거의 들지 않으면서도 효과적인 아이디어 5가지를 제시해 줘"라고 물으면, 훨씬 구체적이고 유용한 답변을 얻는다.

좋은 질문의 조건은 네 가지다.

1. 명확성 Clarity

질문이 구체적일수록 답변도 구체적이다. "글 써줘"보다 "고등학생이 읽을 수 있는, 환경 문제에 대한 500자 에세이를 써줘"가 더 좋은 질문이다.

2. 맥락 Context

배경 정보를 제공하면 AI는 더 적절한 답변을 한다. "나는 미술에 관심 있는 중학생이야. 진로를 고민 중인데, 미술과 기술을 결합한 직업에는 뭐가 있을까?"처럼 맥락을 주면, AI는 당신의 상황에 맞는 답변을 준다.

3. 제약 Constraint

제약을 주면 창의성이 높아진다. "아이디어 알려줘"보다 "재료는 종이와 테이프만 사용하고, 30분 안에 만들 수 있는 아이디어 알려줘"가 더 창의적인 답변을 끌어낸다.

4. 목적 Purpose

왜 이 질문을 하는지 목적을 밝히면, AI는 그 목적에 맞는 답변을 한다. "이 정보는 친구들에게 발표할 자료야"라고 덧붙이면, AI는 발표에 적합한 형식으로 답변한다. 그리고 출력 형식을 그림, 표, HTML, MD형식 등으로 지정해 줘도 그대로 출력해 준다.

질문 설계 능력은 창의 지능의 핵심이다. AI를 잘 사용하는 사람은 결국 질문을 잘 만드는 사람이다.

AI 시대, 인간 고유의 창의 지능이 더욱 중요한 이유

AI가 발전할수록, 역설적으로 인간의 창의 지능은 더 중요해진다. 왜일까?

첫째, AI는 질문을 만들지 못한다. AI는 답변은 잘하지만, 어떤 질문을 던져야 할지는 모른다. "지금 세상에 정말 필요한 것은 무엇인가?" "아직 아무도 풀지 못한 문제는 무엇인가?" 같은 질문은 인간만이 던질 수 있다.

물론 "세상을 위해 필요한 질문 10가지를 만들어줘"라고 말한다면 질문에 답을 위해 질문을 만들 수 있지만 그 질문은 AI의 생각에서 나온 질문이 아니라 사람들이 그동안 세상을 위해 해 왔던 질문들을 조합해서 답변으로 한 질문이다.

둘째, AI는 가치를 판단하지 못한다. AI는 여러 옵션을 제시하지만, 그중 무엇이 옳은지, 무엇이 의미 있는지는 인간이 결정해야 한다. 윤리적 딜레마, 사회적 책임, 장기적 영향 같은 것은 AI가 계산할 수 없는 영역이다.

물론 앞으로는 많은 사람들의 합의를 거쳐서 그 동안의 판례를 바탕으로 AI를 가르쳐야 하는 영역이다.

셋째, AI는 실패에서 배우지 못한다. AI는 데이터로 학습하지만, 진정한 의미의 '실패 경험'은 없다. 인간은 실패를 통해 성장하고, 그 과정에서 예상치 못한 통찰을 얻는다. 이것은 AI가 흉내 낼 수 없는 인간 고유의 학습 방식이다.

때때로 AI를 사용하면 AI가 실패를 통해서 배우는 것처럼 보일 수 있다. 하지만 그것은 AI가 배운 것이 아니라 그 AI를 사용하는 사람이 배워서 AI에 금지한 경우이다.

넷째, AI는 맥락을 창조하지 못한다. AI는 기존의 맥락을 이해할 수 있지만, 완전히 새로운 맥락을 만들어 내지는 못한다. 예를 들어, '인터넷'이라는 개념이 처음 등장했을 때, 그것은 기존의 어떤 맥락에도 없던 것이었다. 인간은 그런 맥락을 창조할 수 있다.

물론 AI를 이용해서 새로운 개념이나 어떤 현상이나 사물에 대한 새로운 이름을 지어달라고 부탁한다면 추천해 줄 수 있다. 하지만 그것을 채택하고 적용하는 것은 지금은 인간의 영역이다.

그래서 AI 시대에 살아남는 사람은 'AI보다 빠른 사람'이 아니라 'AI와 함께 새로운 것을 만드는 사람'이다. 최근 뉴스에서도 AI가 실업자를 양성하는 것이 아니라 AI를 잘 사용하는 사람이 AI를 두려워하는 사람들을 직장에서 쫓아낸다고 했다. 그런 이유로 AI를 잘 사용하는 사람의 창의 지능이 곧 조직의 경쟁력이 되었다.

[핵심 메시지]

AI는 패턴 인식과 조합 엔진이다. AI가 할 수 있는 것과 없는 것을 이해하고, 좋은 질문을 설계하는 능력이 AI 시대의 핵심 경쟁력이다. AI가 발전할수록 인간의 창의 지능은 더 중요해진다.

[실천 미션]

1. ChatGPT나 다른 AI 도구를 사용해 보자. 같은 주제로 '나쁜 질문'과 '좋은 질문'을 각각 던져보고, 답변의 차이를 비교해 보자.

2. 오늘 궁금한 것 하나를 AI에 물어보되, 명확성, 맥락, 제약, 목적을 모두 포함한 질문을 만들어 보자.

3. AI가 준 답변을 그대로 받아들이지 말고, "왜 이 답변이 나왔을까?" "다른 관점은 없을까?"를 생각해 보자.

프롬프트 디자인의 기본기

프롬프트Prompt란 AI에 던지는 질문이나 명령을 말한다. 프롬프트 디자인은 AI 시대의 새로운 글쓰기다. 좋은 프롬프트는 좋은 결과를 만들고, 나쁜 프롬프트는 쓸모가 적은 답변을 준다.

좋은 프롬프트의 4요소

좋은 프롬프트란 앞서 살펴본 좋은 질문의 4요소를 충분히 반영한 질문을 말한다. 좋은 질문을 좋은 프롬프트로 확장해 보자.

1. 명확성Clarity

프롬프트는 구체적이어야 한다. 모호한 질문은 모호한 답변을 만든다. 나쁜 예를 들면 "재미있는 거 알려줘" 보다는 "중학생이 집에서 30분 안에 할 수 있는, 재료비 1만 원 이하의 과학 실험 3가지를 추천해 줘"가 훨씬 좋은 프롬프트이다.

물론 최근의 AI는 명확성이 없는 질문에 대해서 추가 질문으로 답해서 명확성을 더 높이는 작업을 해준다.

명확성을 높이는 방법에는 다음 3가지가 많이 사용된다.
- 구체적인 숫자 사용하기 (몇 개, 몇 분, 얼마)
- 대상 명시하기 (누구를 위한 것인지)
- 형식 지정하기 (목록, 문장, 표 등)

2. 맥락 Context

배경 정보를 제공하면 AI는 더 적절한 답변을 한다. 나쁜 예를 들면 "내 진로를 추천해 줘" 보다는 "나는 음악과 수학을 좋아하는 고등학생이야. 창의적인 일을 하고 싶은데, 이 두 가지를 결합할 수 있는 진로를 추천해 줘"라고 하는 것이 훨씬 더 내가 원하는 답을 얻는다.

맥락을 제공하는 방법에는 다음 3가지가 있다.
- 자신의 상황 설명하기
- 목표나 선호하는 스타일 밝히기
- 제한 사항이나 조건 알려주기

3. 제약 Constraint

제약은 창의성을 높인다. 무한한 가능성보다, 적절한 제약이 더 좋은 결과를 만든다. 이것도 나쁜 예를 들면 "재미있는 이야기 써줘" 보다는 "주인공은 로봇이고, 배경은 2100년 화성이며, 단어는 300자 이내로 써줘"가 훨씬 더 재미있는 이야기를 만든다.

제약을 설정하는 방법 3가지도 알아보자.
- 글자 수나 시간 제한하기
- 사용 가능한 재료나 도구 제한하기
- 특정 스타일이나 형식 지정하기

4. 목적 Purpose

왜 이 질문을 하는지 목적을 밝히면, AI는 그 목적에 최적화된 답변을 한다. 나쁜 예로 "환경 보호에 관해 설명해 줘"보다는 "초등학생에게 환경 보호의 중요성을 쉽게 설명하려고 해. 5분 안에 읽을 수 있는 이야기 형식으로 써줘"라고 하면 대상에 대한 목적에 맞는 이야기를 잘 작성해 주는 것을 볼 수 있다.

목적을 명시하는 방법에는 다음 3가지가 있다.
- 누구에게 보여줄 것인지
- 어떤 상황에서 사용할 것인지
- 어떤 효과를 기대하는지

이상에서 설명한 네 가지 요소를 모두 포함한 프롬프트는 거의 언제나 좋은 결과를 만든다. 처음에는 복잡하게 느껴질 수 있지만, 연습하면 자연스러워진다. 만약 그래도 프롬프트를 모르겠다면 이것 또한 AI에서 다음과 같이 질문하면 된다. "[본인이 묻고 싶은 내용]에 대해서 질문하고 싶은데 명확성, 맥락, 제약, 목적을 다 포함해서 어떻게 질문하는 것이 가장 좋은지 질문을 만들어줘!"

프롬프트 유형별 설계법

프롬프트는 목적에 따라 크게 네 가지 유형(아이디어 발산형, 문제 해결형, 스토리 확장형, 데이터 분석형)으로 나눌 수 있다. 네 가지 유형은 그 유형마다 효과적인 설계 방법이 다르다. 지금부터 하나씩 배워보자.

1. 아이디어 발산형
아이디어 발산형의 목적은 가능한 많은 아이디어를 빠르게 생성하는 데 있다. 이 프롬프트의 구조는 다음과 같다.

"[주제]에 대해 [개수]개의 [형태]를 제시해 줘. 각각은 [제약조건]을 만족해야 해."

예를 들어, "학교 축제에서 할 수 있는 부스 아이디어 10개를 제시해 줘. 준비 기간 2주 이내, 예산 10만원 이하여야 해."같이 작성할 수 있다. 여기서 팁을 공개하자면 개수를 많이 요구할수록 다양한 아이디어가 나오고 '독특한', '색다른', '아무도 생각 못한' 같은 형용사를 추가하면 창의성이 높아진다. 그리고 여러 번 실행하면서 결과를 조합할 수 있다.

2. 문제 해결형

문제 해결형 프롬프트는 특정 문제에 대한 구체적이고 실용적인 해결책을 찾고자 할 때 사용한다. 이 유형의 핵심은 문제 상황을 명확히 제시하고, 제약조건과 목표를 분명히 하는 것이다.

이 프롬프트의 구조는 다음과 같다.

"[문제 상황]이 있어. [제약조건] 내에서 [목표]를 달성하는 방법을 단계별로 제시해 줘."

예를 들어, "친구와 오해가 생겨서 관계가 어색해졌어. 상대방에게 상처 주지 않으면서도 솔직하게 대화할 수 있는 방법을 단계별로 알려줘."처럼 작성할 수 있다.

효과적인 문제 해결형 프롬프트를 만들기 위한 팁은 먼저, 문제를 구체적으로 설명할수록 실용적인 답변을 얻을 수 있다. 막연한 설명보다는 구체적인 상황, 배경, 관련된 사람들의 관계 등을 상세히 담는 것이 좋다. 또한 '단계별로', '순서대로' 같은 표현을 넣으면 체계적이고 따라 하기 쉬운 답변을 받을 수 있다. 마지막으로, 예상되는 어려움이나 우려 사항을 미리 밝히면 AI가 그 부분까지 고려한 더 세심한 답변을 제공한다.

※ 주의할 점 : 구체적으로 설명하기 위해서 개인정보나 회사기밀 같은 내용은 절대 노출해서는 안 된다. 만약 특정인에 대한 내용이라면 "A가 어떤 상황인데 B에게 어떻게 하면 되니?"와 같이 이니셜이나 다른 이름을 사용해서 질문하도록 하자!

3. 스토리 확장형

스토리 확장형은 이야기나 시나리오를 창의적으로 발전시키고 싶을 때 활용하는 프롬프트 유형이다. 소설, 시나리오, 게임 스토리 등 창작활동에 특히 유용하다. 구조는 다음과 같다.

"[초기 설정]에서 시작하는 이야기를 써줘. [등장인물]이 [상황]에 처했고, [결말 방향]으로 전개해 줘."

구체적인 예시를 들면, "2050년 지구에서 시작하는 이야기를 써줘. 주인공은 AI와 대화할 수 있는 유일한 인간이고, 이 능력이 세상을 구하는 열쇠가 되는 방향으로 전개해 줘."와 같은 형태다.

스토리 확장형을 잘 활용하려면 몇 가지를 기억하면 좋다.

배경, 인물, 갈등, 결말 중 일부는 내가 고정하고 나머지는 AI에 맡기는 것이 효과적이다. 이렇게 하면 내 의도는 살리면서도 예상치 못한 창의적인 전개를 만날 수 있다. '반전이 있는', '감동적인', '유머러스한' 같은 톤을 지정하면 원하는 분위기의 이야기를 얻을 수 있다.

사실 GPT3 시대에는 AI는 2000자 이상의 문장을 작성할 수 없다고 했고, GPT4 시대에는 길어야 1만 자를 작성하지만 계속 글을 쓰게 하면 이전 글을 다 잊어버려서 완전히 다른 글이 나온다는 말도 있었다. 하지만 필자는 GPT3 시대에도 소설책 한 권을 한 빈의 프롬프트로 작성하는 AI를 경험했다.

방법은 AI에 프롬프트를 줄 때 소설에 나오는 모든 인물의 특징(이름, 나이, 출신지, 성격, 판단기준, 취향… 등)을 한 번의 입력값으로 다 넣고 한꺼번에 이 모든 인물들이 어떤 이야기의 발단, 전개, 절정, 결말 순으로 이야기를 구성하라고 하면 한 번의 명령(A4 5페이지 분량)으로 한편의 소설이 나온다. 물론 출력은 2천 자 정도만 해주기 때문에 '계속' 혹은 '이어서'라는 프롬프트를 입력해야 하지만 결론적으로 한꺼번에 맥락이 흩어지지 않는 소설 한 권이 나오는 것은 사실이다.

하지만 최근에 발표된 GPT5.2 같은 경우 기존의 모든 이야기를 다 기억할 뿐만 아니라 소설을 작성하는 과정에서 반전과 우연을 계속 요구했더니 반전과 우연이 계속해서 나오면 독자가 글을 읽는 것이 피곤해져서 끝까지 읽기 힘들다고 더 좋은 방향을 안내하는 경험도 했다.

4. 데이터 분석형

데이터 분석형 프롬프트는 흩어진 정보를 정리하고 그 안에서 패턴이나 의미를 발견하고자 할 때 사용한다. 학습 내용 정리, 소비 패턴 분석, 독서 경향 파악 등 다양한 상황에 적용할 수 있다.

기본 구조는 다음과 같다.

"[데이터/정보]를 [방식]으로 분석해 줘. [관점]에 초점을 맞춰서 [형식]으로 정리해 줘."

예를 들어, "지난 한 달 동안 내가 읽은 책 10권의 제목과 주제를 알려줄게. 이것들의 공통점을 분석해서, 내 독서 성향을 3가지로 정리해 줘."처럼 구성할 수 있다.

데이터 분석형 프롬프트를 효과적으로 사용하는 팁은 다음과 같다.

데이터를 명확하게 제시할수록 정확한 분석 결과를 얻을 수 있다. 숫자, 날짜, 카테고리 등을 구체적으로 나열하는 것이 중요하다. '공통점', '차이점', '경향성', '패턴' 같은 분석 관련 키워드를 사용하면 AI가 어떤 방식으로 데이터를 살펴봐야 할지 더 명확하게 이해한다. 또한 표, 그래프, 목록, 요약문 등 원하는 출력 형식을 지정하면 결과를 바로 활용하기 쉬운 형태로 받을 수 있다.

지금까지 아이디어 발산형, 문제 해결형, 스토리 확장형, 데이터 분석형이라는 네 가지 프롬프트 설계법을 살펴봤다. 각 유형은 서로 다른 목적에 최적화되어 있지만, 상황에 따라 조합해서 사용할 수도 있다.

아이디어 발산형은 빠르게 많은 가능성을 탐색할 때, 문제 해결형은 구체적인 행동 계획이 필요할 때, 스토리 확장형은 창의적인 이야기를 만들고 싶을 때, 데이터 분석형은 정보 속에서 인사이트를 찾고 싶을 때 사용하면 좋다.

프롬프트 작성의 핵심은 명확성과 구체성이다. 내가 원하는 것이 무엇인지, 어떤 제약이 있는지, 어떤 형식을 원하는지를 분명히 할수록 AI는 더 유용한 답변을 제공한다. 처음에는 완벽한 프롬프트를 만들기 어렵겠지만, 여러 번 시도하고 결과를 보면서 조금씩 개선해 나가다 보면 자신만의 효과적인 프롬프트 패턴을 만들 수 있을 것이다.

질문하는 지능의 탄생 - 프롬프트를 넘어선 본질

실습: 하나의 주제로 10가지 관점 만들기

이제 직접 프롬프트를 디자인해 보자. 하나의 주제를 선택하고, 10가지 다른 관점에서 질문을 만들어 보자.

주제: '시간'

1. 철학적 관점: "시간의 본질은 무엇인가? 시간은 실재하는가, 아니면 인간의 인식일 뿐인가?"
2. 과학적 관점: "시간은 물리학적으로 어떻게 정의되는가? 상대성 이론에서 시간은 어떻게 작동하는가?"
3. 심리학적 관점: "왜 어릴 때는 시간이 천천히 가고, 나이 들수록 빨리 가는 것처럼 느껴질까?"
4. 사회학적 관점: "현대사회에서 '시간 부족'은 어떤 사회 구조 때문인가?"
5. 예술적 관점: "시간을 시각적으로 표현한 예술 작품에는 어떤 것들이 있을까?"
6. 문학적 관점: "시간을 주제로 한 소설이나 시를 쓴다면, 어떤 은유를 사용할 수 있을까?"
7. 경제적 관점: "'시간은 돈이다'라는 말은 어떤 경제 원리를 반영하는가?"
8. 개인적 관점: "내 인생에서 가장 의미 있는 시간은 언제였을까?"
9. 미래 지향적 관점: "100년 후 인류는 시간을 어떻게 다르게 인식하고 있을까?"
10. 비교문화적 관점: "동양과 서양의 시간 개념은 어떻게 다른가?"

같은 주제라도 관점을 바꾸면 완전히 다른 질문이 나온다. 이것이 바로 창의 지능이다. 하나의 대상을 여러 각도에서 바라보는 능력을 연습해야 한다.

이제 당신의 주제를 선택하고, 10가지 관점에서 질문을 만들어 보자. 주제는 무엇이든 좋다. (예: 친구, 꿈, 학교, 자유, 책, 음악 등)

[핵심 메시지]

좋은 프롬프트는 명확성, 맥락, 제약, 목적의 4요소를 포함한다. 프롬프트 유형(아이디어 발산형, 문제 해결형, 스토리 확장형, 데이터 분석형)에 따라 설계 방법이 다르며, 하나의 주제를 10가지 관점에서 보는 연습이 창의 지능을 키운다.

[실천 미션]

1. 오늘 궁금한 것 하나를 선택하고, 4요소(명획성, 맥락, 제약, 목적)를 모두 포함한 프롬프트를 만들어 보자.

2. 같은 질문을 4가지 유형(아이디어 발산형, 문제 해결형, 스토리 확장형, 데이터 분석형)으로 각각 다시 작성해 보자.

3. AI에 질문하기 전에 스스로 답을 먼저 생각해 보고, AI의 답변과 비교해 보자.

AI와 함께하는 창의실험실

직선·곡선·도형 루틴을 AI로 확장하기

앞서 우리는 직선, 곡선, 도형을 활용한 창의 지능에 대한 진단을 했다. 이제 이 루틴을 AI와 결합해 보자.

직선 루틴 × AI

종이에 직선으로 그림을 그린 후, 그 이미지를 AI에 보여주고 질문한다.

"이 직선들의 패턴을 분석해 줘. 어떤 규칙이 보이니? 이 패턴에서 발전시킬 수 있는 디자인을 3가지 제안해 줘." (AI에 물음)

AI는 당신이 의식하지 못한 패턴을 발견할 수 있다. 예를 들어, "대부분의 선이 중앙으로 모이는 구심적 패턴이 보입니다"와 같은 분석을 해줄 수 있다. 그 분석을 바탕으로 새로운 디자인을 시도할 수 있다.

혹은 텍스트로 직선 패턴을 설명하고, AI에 이미지를 생성하도록 할 수도 있다.

"10개의 직선이 한 점에서 방사형으로 퍼져나가고, 각 선의 길이는 조금씩 다르며, 전체적으로 부채꼴 모양을 이루는 이미지를 만들어줘."라고 한다면 설명을 바탕으로 멋진 그림을 그려줄 것이다.

<직선 및 패턴 분석 * 응답샘플>
이 드로잉에서 발견되는 주요 규칙과 특징은 다음과 같습니다.

중첩과 레이어링Layering : 가느다란 펜 선으로 그려진 사각형들이
서로 겹치며 복잡한 '망Grid'을 형성합니다. 그 위에 굵은 색면이
더해져 평면적이지만 깊이감이 느껴지는 구조를 가집니다.
유기적 기하학Organic Geometry : 완벽한 직선이 아닌, 손의 떨림이
느껴지는 자유로운 선Freehand을 사용했습니다. 사각형의 모서리가
둥글거나 비정형적으로 왜곡되어 있어 딱딱하지 않고 부드러운 에
너지를 전달합니다.

색상의 강조와 균형: 전반적으로 보라, 파랑, 초록의 큰 덩어리가
배치되어 있으며, 그 사이사이에 작은 빨간색 포인트들이 시선을
분산시키지 않고 균형을 잡아주는 역할을 합니다.

연결성Connectivity : 선들이 끊이지 않고 이어지며 공간을 구획하는
방식은 회로도나 도시의 지도Map같은 논리적인 연결성을 암시합니
다.

<디자인 발전 제안 3가지 * 응답샘플>

① 텍스타일 및 패션 디자인 Textile Design
이 패턴의 '연속성'과 '색면의 대비'를 활용하면 세련된 원단 디자인이 가능합니다.

적용: 스카프, 니트웨어 패턴, 혹은 셔츠의 전면 프린트.

② 건축 외장 및 인테리어 파티션 Architectural Partition
선들의 겹침을 물리적인 '구조체'로 해석하는 방향입니다.

적용: 오피스 공간의 유리 칸막이 시트지 디자인, 혹은 금속 프레임을 활용한 라이브러리 선반.

③ 데이터 시각화 및 인포그래픽 UI Data Visualization UI
복잡한 선들의 연결을 '정보의 흐름'으로 치환하여 디지털 디자인에 적용합니다.

적용: 모바일 앱의 메인 대시보드 그래픽, 웹사이트의 인터랙티브 배경.

곡선 루틴 × AI

곡선으로 그린 이미지를 AI에 보여주고 "이 곡선들이 표현하는 감정은 무엇일까? 이 곡선들을 음악으로 표현한다면 어떤 장르와 템포가 어울릴까?"라고 질문하면 AI는 시각적 패턴을 다른 감각(청각, 촉각)으로 번역해 줄 수 있다. 이것은 공감각적 사고를 훈련하는 좋은 방법이다.

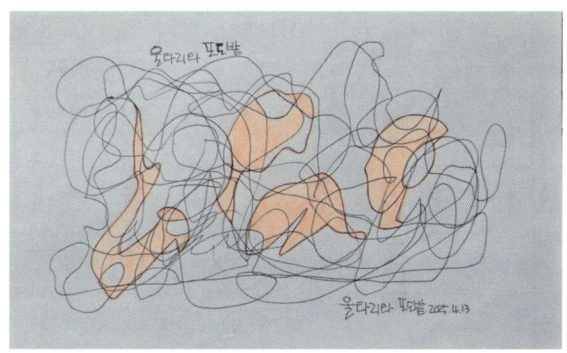

도형 루틴 × AI

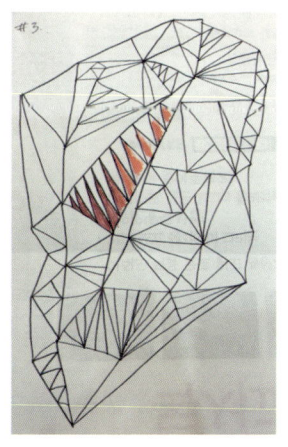

삼각형, 원, 사각형으로 만든 조합을 AI에 보여주고 "이 도형 조합을 건축물로 만든다면 어떤 구조가 될까?

이 조합의 원리를 코드로 표현한다면 어떻게 작성할 수 있을까?"라고 질문한다면 AI는 추상적 패턴을 구체적 응용으로 연결해 줄 것이다.

숫자·우화·명화 루틴을 AI와 협업하기

앞서 배운 세 가지 루틴도 AI와 결합하면 효과가 배가된다.

숫자 루틴 × AI

당신이 만든 숫자 이미지 연상을 AI에 알려주고 "나는 숫자 7을 '행운의 낫'으로 연상해. 이 연상을 바탕으로, 7이 주인공인 짧은 동화를 만들어줘."라고 하던지 반대로 "AI 네가 생각하는 숫자 7의 이미지는 뭐야? 나는 낫을 떠올렸는데, 다른 관점에서 7을 표현해 줘."라고 한다면 자신의 연상을 확장하고, 다른 관점을 발견하는 기회가 될 수 있다.

우화 루틴 × AI

당신이 만든 3문장 우화를 AI에 보여주고 "이 우화의 교훈을 3가지 다른 방식으로 해석해 줘. 그리고 각 해석에 맞는 새로운 우화를 하나씩 만들어줘." 혹은 "이 우화를 현대 배경으로 재해석해서, 10대 청소년이 공감할 수 있는 이야기로 바꿔줘."라고 명령한다면 AI는 당신의 우화를 다양한 버전으로 변환해 줄 것이다. 그 과정에서 원래 우화의 핵심이 더 명확해지거나 완전히 다른 인사이트를 발견하게 될 것이다.

명화 루틴 × AI

명화를 감상한 후 AI에 "반 고흐의 '별이 빛나는 밤'을 본 후 내가 만든 질문이 '왜 하늘이 소용돌이칠까?'야. 이 질문에 대해 미술사적 관점, 심리학적 관점, 물리학적 관점에서 각각 답변해 줘."라고 질문한다면 AI는 하나의 질문을 다양한 학문적 관점에서 분석해 준다.

또는 "'별이 빛나는 밤'의 색감과 구도를 유지하되, 배경을 우주 정거장으로 바꾼 이미지를 그려줘."라고 질문해도 된다. 그러면 AI는 명작을 변주하고 재해석하는 실험을 도와줄 것이다. 이것이 바로 융합적 사고를 키우는 훈련이다.

"AI + 나의 생각 = 새로운 창조물" 훈련

AI와의 협업에서 가장 중요한 원칙은 "AI는 도구이지 대체자가 아니다."는 것이다. AI가 모든 것을 해주길 기대하면, 당신의 창의 지능은 오히려 약해진다.

필자가 제안하는 올바른 협업 방식은 이렇다.

1단계: 나의 초기 아이디어 구상하기

먼저 스스로 생각한다. 종이에 스케치하거나, 메모하거나, 머릿속으로 구상한다.

2단계: AI에 확장 요청하기

내 아이디어를 AI에 설명하고, 확장이나 변주를 요청한다.

"내 아이디어는 이래. 이것을 더 발전시킬 방법을 제안해 줘."

3단계: AI 결과 평가하기

AI가 준 답변을 비판적으로 평가한다. 모든 것을 받아들이지 않는다. "이 부분은 좋은데, 이 부분은 내 의도와 다르네. 다르게 고쳐줘."

> AI 활용팁! GPT에 받은 답변을 Gemini에게 넣어서 "이 내용을 분석, 비판, 개선, 발전시켜 줘"라고 하면 훨씬 더 좋은 답변이 나오는 경우가 많다. 필자는 보통 7가지(GPT, Gemini, Claude, Grok, Perplexity, Copilot, DeepSeek)의 메이저 AI를 돌려가면서 AI의 답변을 검증하고 개선, 발전시킨다.

4단계: 선택과 조합하기

AI의 제안 중 일부를 선택하고, 내 아이디어와 조합한다.

5단계: 최종 창조물 완성하기

조합된 결과를 내 손으로 다듬어서 완성한다.

이 과정을 거치면, 결과물은 'AI가 만든 것'도 아니고 '내가 혼자 만든 것' 아닌, 'AI와 내가 협업해서 만든 새로운 창조물'이 된다.

실습: 1개의 아이디어를 20개로 확장하기

이제 실제로 해보자. 간단한 아이디어 하나에서 시작해서, AI와 협업으로 20개로 확장하는 연습이다.

처음 시작하는 아이디어는 "책을 읽는 로봇"으로 해보자.

먼저 AI 없이 5가지 변주를 아래와 같이 만들어 본다.
1. 감정을 느끼는 로봇이 슬픈 책을 읽는다.
2. 로봇이 책을 읽고 그림으로 요약한다.
3. 로봇이 고장 나서 책을 거꾸로 읽는다.
4. 로봇이 아이에게 책을 읽어준다.
5. 로봇이 책을 읽다가 자기 이야기를 발견한다.

이제 이 5가지의 이야기를 가지고 **6~15번까지 10가지로 AI에 확장을 요청해 보자.**
AI에 아래 프롬프트를 입력한다.
"'책을 읽는 로봇'이라는 아이디어에서 파생될 수 있는 이야기나 상황을 10가지 제안해 줘. 각각은 서로 다른 관점(과학적, 감성적, 유머러스한... 등)으로 접근해 줘."
위 질문의 답변을 받아서 6~15번을 채운다.

마지막으로 16~20번을 작성해 보자.
AI가 준 답변 중 가장 흥미로운 것 하나를 선택하고, 다시 AI에
"[선택한 아이디어]를 5가지 다른 장르(SF, 로맨스, 스릴러, 코미디, 다큐멘터리)로 각각 재해석해 줘."
이렇게 하면 20개의 변주가 완성된다. 처음의 단순한 아이디어가 완전히 다른 20개의 가능성으로 확장된 것이다.

AI 활용 시 주의 사항이 있다. AI를 의존할 것인가? AI와 협업할 것인가를 결정하는 것이다. 이것은 마치 "AI의 종이 될 것인가? AI의 동료가 될 것인가?"의 문제이다.

AI를 사용할 때 가장 조심해야 할 것은 의존이다. AI에 모든 것을 맡기면, 당신의 창의 지능은 반드시 퇴화한다. 이것은 마치 아무 생각 없이 TV나 유튜브를 보는 뇌와 같아지는 것이다.

그렇다면 내가 AI에 의존하고 있는지를 알 수 있는 신호는 무엇일까? 다음 4가지로 알아볼 수 있다.
1. "나는 AI가 없으면 아무것도 못 만들어."
2. AI 결과를 그대로 복사해서 사용한다.
3. 스스로 생각하기 전에 AI에 먼저 묻는다.
4. AI 답변을 비판 없이 받아들인다.

반대로 AI와 협업의 신호 4가지도 있다.
1. "AI 덕분에 내 아이디어가 더 풍부해졌어."
2. AI 결과를 참고해서 내 방식으로 다시 만든다.
3. 먼저 스스로 생각한 후 AI에 확장을 요청한다.
4. AI 답변 중 일부만 선택적으로 사용한다.

마지막으로 건강한 AI 활용 원칙을 알아보자.
1. 내가 먼저 스스로 생각한 후 AI 사용하기
2. AI는 조언자 - 모든 답을 AI에 맡기지 않기
3. 최종 판단은 내가 - AI 결과를 비판적으로 평가하기
4. AI는 확장 도구 - 내 능력을 대체하는 게 아니라 확장하는 도구로 사용하기 등이다.

[핵심 메시지]

직선·곡선·도형 루틴과 숫자·우화·명작 루틴을 AI와 결합하면 효과가 배가된다. 올바른 협업 방식은 "내 생각 → AI 확장 → 비판적 평가 → 선택과 조합 → 최종 완성"이다. AI에 의존하지 말고 협업하라.

[실천 미션]

1. 오늘 만든 창의 루틴 결과물 하나를 AI에 보여주고, 확장을 요청해 보자.

2. 1개의 간단한 아이디어를 선택하고, AI와 협업해서 20개로 확장해 보자.

3. AI가 준 답변 중 마음에 들지 않는 것을 골라서, 왜 마음에 들지 않는지 분석해 보자.

나만의 창의 데이터셋[9] 구축하기

창의 지능 성장을 위한 개인 아카이브의 중요성

당신이 매일 떠올리는 아이디어, 만드는 질문, 발견하는 패턴들은 어디로 갈까? 대부분은 사라진다. 메모하지 않으면, 기록하지 않으면, 정리하지 않으면, 아무리 좋은 생각도 흔적 없이 사라진다.

창의 지능을 키우는 가장 강력한 방법의 하나는 **개인 아카이브** Personal Archive를 만드는 것이다. 아카이브란 자기 생각, 아이디어, 작품, 영감을 체계적으로 모아두는 저장소다.

왜 아카이브가 중요할까?

첫째, **패턴을 발견할 수 있다.** 6개월 전에 쓴 메모와 오늘 떠오른 생각 사이에 연결 고리가 있을 수 있다. 아카이브가 있으면 과거의 나와 현재의 나를 연결할 수 있다.

둘째, **아이디어가 쌓인다.** 오늘 쓸모없어 보이는 아이디어가 1년 후 완벽한 프로젝트의 시작점이 될 수 있다. 아카이브는 미래의 나에게 주는 선물이다.

셋째, **성장을 확인할 수 있다.** 1년 전의 아이디어와 지금의 아이디어를 비교하면, 얼마나 성장했는지 눈으로 확인할 수 있다. 이것은 큰 동기부여가 된다.

넷째, **재료가 쌓인다.** 창작은 무에서 유를 만드는 게 아니라, 쌓인 재료를 조합하는 것이다. 아카이브는 당신의 창작 재료 창고다.

아카이브는 복잡할 필요가 없다. 노트 한 권, 스마트폰 메모장 하나면 충분하다. 중요한 건 '매일 조금씩 쌓는 것'이다.

---

9) 데이터셋Dataset. 인공지능이 배우기 위해 체계적으로 정리해 둔 정보 꾸러미, 숫자, 글자, 그림, 소리, 영상 등 다양한 종류의 정보

관심 키워드 축적법

개인 아카이브의 첫 번째 요소는 **관심 키워드**다. 당신이 자주 생각하는 주제, 끌리는 개념, 궁금해하는 질문들을 키워드로 정리하는 것이다.

키워드 축적 3단계
1단계: 일일 키워드 수집
매일 저녁 5분, 오늘 하루를 돌아보며 3개의 키워드를 적는다.
- 오늘 가장 많이 생각한 것
- 오늘 새롭게 배운 것
- 오늘 궁금했던 것

예시:
월요일: 시간, 효율, 우선순위
화요일: 공감, 대화, 경청
수요일: 패턴, 규칙, 예외

2단계: 주간 키워드 정리
일주일에 한 번, 모인 키워드들을 살펴보고 연결 고리를 찾는다.
"이번 주 나는 '시간'과 '효율'에 대해 많이 생각했네. 이 두 개는 어떻게 연결될까?"

3단계: 키워드 맵 만들기
종이 한 장에 자주 등장하는 키워드들을 적고, 관련 있는 것끼리 선으로 연결한다. 이것이 당신의 **관심 지도**Interest Map가 된다.
3개월 후, 6개월 후 관심 지도를 다시 보면, 자신이 어떤 주제에 지속해서 끌리는지, 관심사가 어떻게 변화하는지 볼 수 있다.

아이디어 라이브러리 설계

개인 아카이브의 두 번째 요소는 **아이디어 라이브러리**다. 떠오르는 모든 아이디어를 기록하는 공간이다.

아이디어 라이브러리 구조

1. 날짜와 제목
언제, 어떤 아이디어가 떠올랐는지 기록한다.
예: 2025.11.21 - 시간을 시각화하는 앱

2. 한 줄 요약
아이디어의 핵심을 한 문장으로 정리한다.
예: "하루를 24개 블록으로 나누어, 각 시간을 색깔로 표현하는 앱"

3. 영감의 출처
이 아이디어가 어디서 왔는지 적는다.
예: "일기를 쓰다가, 시간이 눈에 보이면 좋겠다는 생각이 들어서"

4. 발전 가능성
이 아이디어를 어떻게 발전시킬 수 있을지 메모한다.
예: "AI와 연결해서 자동으로 시간 패턴을 분석해 주면 좋을 듯"

5. 상태 태그
아이디어의 현재 상태를 표시한다.
[씨앗] 막 떠오른 초기 아이디어
[발아] 조금 구체화한 아이디어
[성장] 실행 가능한 수준까지 발전한 아이디어
[완성] 실제로 만들어진 프로젝트
아이디어 라이브러리는 완벽할 필요가 없다. 황당한 아이디어, 실현 불가능해 보이는 아이디어도 모두 기록한다. 오늘은 황당해도, 내일은 천재적일 수 있다.

이미지·텍스트·도형 연결 데이터셋 만들기

개인 아카이브의 세 번째 요소는 **연결 데이터셋**이다. 이것은 당신이 만든 이미지, 텍스트, 도형들을 연결해서 저장하는 공간이다.

연결 데이터셋 구조

파일명 규칙 만들기
모든 창작물에 일관된 파일명을 붙인다.
예: 날짜_유형_주제
- 20251121_숫자연상_7
- 20251122_우화_거북이와 토끼
- 20251123_명작_별이 빛나는 밤

태그 시스템 구축
각 창작물에 키워드 태그를 붙인다.
예: #시간 #행운 #패턴 #곡선 #감정

연결 메모 작성
서로 다른 창작물 사이의 연결 고리를 메모한다.
예: "20251121 숫자 7 연상(행운의 낫)과 20251125 우화(농부와 낫) 사이에 연결 고리가 있음. 둘 다 '자르다', '선택하다'는 의미를 담고 있음."

주기적 리뷰
한 달에 한 번, 모인 창작물들을 살펴보며 패턴을 찾는다.
"이번 달 나는 '시간'과 관련된 작품을 5개나 만들었네. 이것들을 하나의 시리즈로 묶으면 어떨까?"

디지털 + 아날로그 조합

스마트폰이나 컴퓨터에 디지털로 저장하되, 중요한 것은 노트에 손으로 적는다. 손으로 쓰는 행위 자체가 기억을 강화하고, 생각을 정리해 준다.

예를 들어, 노션Notion이나 옵시디언Obsidian 같은 앱에 아카이브를 만들 수 있다. 폴더를 이렇게 구성할 수 있다.

- 📁 나의 창의 아카이브
  - 📁 관심 키워드
    - 📁 2025년 11월
    - 📁 2025년 12월
    - 📁 키워드 맵
  - 📁 아이디어 라이브러리
    - 📁 [발아] 아이디어들
    - 📁 [성장] 아이디어들
    - 📁 [씨앗] 아이디어들
  - 📁 창작물 데이터셋
    - 📁 명작 연상 시리즈
    - 📁 숫자 연상 시리즈
    - 📁 우화 시리즈

AI 활용팁! 아카이브 만들기의 대가들이 한국에도 있다. 옵시디언을 알고 싶다면 구요한님의 유튜브 채널인 '커맨드스페이스 CMDS'를 들어볼 것을 권장하고, 노션을 알고 싶다면 노션다움님의 유튜브 채널을 구독할 것을 권장한다. 이 모든 것을 한꺼번에 알고 싶다면 아래의 링크에서 두 분의 견해를 동시에 들을 수 있다. 물론 이 강의는 조금 오래된 강의라 최신 강의는 더욱 놀랍고 발전되었다.

https://youtu.be/tGFeA9875vI?si=eRXhPflBS7rJ1yYz

나만의 사고지도Mind Atlas 완성하기

개인 아카이브의 최종 목표는 **사고지도**Mind Atlas를 완성하는 것이다. 사고지도란 당신의 생각이 어떻게 연결되어 있는지를 시각화한 지도다.

사고지도 만들기 5단계

1단계: 핵심 주제 선정 (3~5개)
지난 몇 개월 동안 가장 자주 생각한 주제를 고른다.
예: 시간, 관계, 창의성, 성장, 자유

2단계: 각 주제의 하위 개념 정리
각 주제와 관련된 세부 개념들을 나열한다.
예: 시간 → 효율, 과거, 미래, 순간, 영원

3단계: 개념 간 연결선 그리기
서로 다른 주제의 개념들을 연결한다.
예: '시간-순간'과 '관계-공감'은 '지금, 이 순간에 집중하기'로 연결됨

4단계: 질문 배치하기
각 연결 지점에 질문을 적는다.
예: "순간에 집중하는 것과 깊은 관계를 맺는 것은 어떻게 연결될까?"

5단계: 지속적 업데이트

사고지도는 한 번 만들고 끝이 아니다. 새로운 생각이 생길 때마다 추가하고, 연결선을 그린다. 3개월마다 새로운 버전을 만들면서, 자신의 사고가 어떻게 진화하는지 관찰한다.

사고지도는 종이에 그려도 좋고, 마인드맵 앱(MindMeister, Coggle 등)을 사용해도 좋다. 중요한 건 '완벽함'이 아니라 '계속 성장하는 것'이다.

사고지도가 완성되면, 당신은 자신의 생각 구조를 한눈에 볼 수 있다. "아, 나는 이런 식으로 생각하는구나." "내 관심사들이 이렇게 연결되어 있었구나." 이런 깨달음은 자기 이해를 깊게 하고, 창의 지능을 한 단계 높인다.

[핵심 메시지]

개인 아카이브는 창의지능 성장의 필수 도구다. 관심 키워드, 아이디어 라이브러리, 연결 데이터셋을 체계적으로 쌓으면, 나만의 사고지도가 완성된다. 완벽함보다 지속성이 중요하다.

[실천 미션]

1. 오늘부터 개인 아카이브를 시작하자. 노트 한 권이나 디지털 앱 하나를 선택하자.

2. 오늘 떠오른 키워드 3개, 아이디어 1개를 기록하자.

3. 지난 한 달 동안 만든 창작물(그림, 글, 메모)을 모아서, 태그를 붙이고 연결 고리를 찾아보자.

어느 순간에 챗봇에게 없던 기능이 갑자기 생긴다.
우리는 이것을 창발성이라고 한다.

전세계가 AI에게 열광한다.
그 이유는
자기도 이유를 알지 못하며
스스로 공부하고 똑똑해진다는 것이다.

글을 잘 쓰는 인간,
말을 너무 잘하는 인간,
노래를 잘하는 인간,
그림을 잘 그리는 인간 등

우리는 어떤 분야에 너무 잘하는 사람을 만나면
흥분하고 친해지려고 한다.

사람보다 못한 기계인 줄 알았는데
대화도 되고 나보다 똑똑한 것들을 발견한다.

한정된 수명 안에서 장수하라
곰곰이 생각하고 행동한 횟수가 많을수록
당신은 인생을 더 오래 산 것이다
인생이란 단지 숨 쉬고 있는 시간이 아니다
Immanuel Kant

PART 5. 창의지능으로 미래를 설계하다

문제 해결
(Problem Solving)

문제 발견
(Problem Finding)

세상은 문제를 해결할 사람보다,
문제를 '발견'할 사람을 찾는다.

마음을 얻는 전문가
(Counselor, HR)

경험을 설계하는 디자이너
(UX/UI, Creator)

본질을 보는 비전가
(Transcendent Thinker)

제5부 창의지능으로 미래를 설계하다

> 창의지능과 진로의 만남
> 공유 리터러시와 창조주권
> 문제발견형 인간으로 성장하기

창의지능과 진로의 만남

창의지능이 강한 학생이 주목받는 분야

10년 전만 해도 "공부 잘하는 학생"이 최고였다. 하지만 지금은 다르다. 좋은 대학을 나와도 일자리를 찾기 어렵고, 평생 한 직장에서 일하는 시대는 끝났다. 지금 세상이 찾는 사람은 "문제를 발견하고, 새로운 방식으로 해결하는 사람"이다. 그게 바로 창의 지능이 강한 사람이다.

창의 지능이 강한 학생들이 특히 주목받는 분야를 정리해 보자.

1. 콘텐츠 크리에이터

유튜브, 틱톡, 인스타그램 등에서 창의적인 콘텐츠를 만드는 사람이다. 단순히 영상을 잘 편집하는 것이 아니라, "어떤 이야기를 어떻게 전달할 것인가?"를 설계하는 능력이 필요하다. 창의 지능이 강한 사람은 남들이 생각하지 못한 관점에서 콘텐츠를 만든다.

2. UX/UI 디자이너

사용자 경험User Experience/User Interface을 설계하는 사람들이다. 앱이나 웹사이트를 "어떻게 하면 사람들이 편하고 즐겁게 사용할까?"를 고민한다. 이것은 공감 능력과 창의적 문제해결 능력이 결합 된 분야이다. UX는 제품의 '사용성(흐름)'을 기획하고, UI는 그 기획을 바탕으로 '시각적인 모습(디자인)'을 구현한다.

3. 데이터 스토리텔러

데이터를 분석하는 것을 넘어 그 데이터가 의미하는 이야기를 발견하고 전달하는 사람이다. 숫자를 이미지로, 패턴을 이야기로 바꾸는 능력이 필요하다. 창의 지능의 숫자 연상루틴이 바로 이 능력의 기초이다.

4. AI 프롬프트 엔지니어

AI에게 적절한 질문을 던져서 원하는 결과를 얻는 사람이다. 앞서 배운 프롬프트 디자인 능력이 바로 이 직업의 핵심이다. AI 시대에 가장 빠르게 성장하는 직업 중 하나이다.

5. 소셜 이노베이터

사회문제를 창의적으로 해결하는 사람이다. 환경, 교육, 빈곤 같은 문제를 기존과 다른 방식으로 접근한다. 비영리 조직, 소셜 벤처, 공익 프로젝트에서 활동한다.

6. 경험 디자이너

공간, 이벤트, 서비스를 설계해서 사람들에게 특별한 경험을 제공하는 사람이다. 예를 들어, 전시회를 기획하거나, 축제를 디자인하거나, 브랜드 경험을 만드는 일이다.

이 분야들의 공통점은 "정답이 없다."는 것이다. 문제마다 새로운 해결책이 필요하고, 창의적 사고가 핵심 경쟁력이다.

상상하는 인류! 꿈꾸는 인간!

AI 시대의 새로운 직업군과 필요 역량

AI 시대에는 기존에 없던 새로운 직업들이 계속 생겨난다. 10년 후, 20년 후에는 지금 상상하지 못하는 직업이 가장 인기 있는 직업일 수도 있다.

현재 떠오르고 있는 새로운 직업들

가상 세계 건축가 Virtual World Architect
메타버스나 게임 속 가상 공간을 설계한다. 건축 지식과 3D 디자인, 스토리텔링이 결합한 직업이다.

AI 윤리 컨설턴트
AI가 내린 판단이 윤리적으로 올바른지, 편향되지 않았는지 검토하고 개선 방향을 제시한다. 기술 이해와 철학적 사고가 필요하다.

개인 데이터 큐레이터
개인이 생산하는 방대한 데이터를 정리하고, 의미 있는 패턴을 찾아서 인사이트를 제공한다. 개인 아카이브 구축의 전문가 버전이다.

감정 인식 전문가
AI나 로봇이 인간의 감정을 더 잘 이해할 수 있도록 돕는다. 심리학과 기술의 융합 분야다.

지속 가능성 디자이너
제품, 서비스, 시스템을 환경친화적으로 재설계한다. 창의적 해결책과 환경 지식이 결합한다.

위에서 살펴본 이러한 직업들의 공통적인 필요 역량은 무엇일까?

아래의 다섯 가지로 정리할 수 있다.

1. **융합적 사고** - 여러 분야를 연결하는 능력
2. **학습 민첩성** - 빠르게 새로운 것을 배우는 능력
3. **질문 생성 능력** - 아무도 묻지 않는 것을 질문하는 능력
4. **실험 정신** - 실패를 두려워하지 않고 시도하는 능력
5. **협업 능력** - AI 및 사람과 효과적으로 협업하는 능력

결국, 이 모든 능력의 뿌리가 되는 것이 바로 **창의지능**이다.

"창의지능 × 기술 × 도메인 전문성"의 시너지

미래에 가장 경쟁력 있는 사람은 **T자형 인재**가 아니라 **π자형 인재**다. 하나의 전문성만 깊게 가진 것이 아니라, 두세 개의 전문성을 동시에 가진 사람이다.

예를 들어

"창의지능 × 프로그래밍 × 음악"이 합쳐지면 알고리즘으로 음악을 생성하는 AI 작곡가가 나올 것이고, **"창의지능 × 생물학 × 디자인"이 합쳐지면 자연의 원리를 제품에 적용하는** 생체 모방 디자인 전문가가 탄생할 것이다. 또한, **"창의지능 × 데이터 분석 × 심리학"이 합쳐지면** 사용자 행동 패턴을 분석해서 서비스를 개선하는 전문가가 되고, **"창의지능 × 글쓰기 × 환경 과학"이 합쳐지면** 환경 이슈를 대중에게 쉽게 전달하는 과학 커뮤니케이터가 탄생할 것이다.

중요한 건 "창의 지능을 중심에 두고, 기술과 전문 지식을 결합하는 것"이다. 창의 지능이 없으면, 기술과 지식은 그냥 도구일 뿐이다. 하지만 창의 지능이 있으면, 그 도구로 완전히 새로운 것을 만들 수 있다.

나만의 창의 포트폴리오 만들기

대학 입시나 취업에서 점점 중요해지는 것이 **포트폴리오**다. 성적표는 과거의 결과를 보여주지만, 포트폴리오는 미래의 가능성을 보여준다. 창의 포트폴리오는 "내가 어떻게 생각하고, 무엇을 만들 수 있는 사람인가?"를 보여주는 자료다.

창의 포트폴리오 구성 요소

1. 프로젝트 기록
내가 실제로 한 프로젝트를 정리한다. 학교 과제든, 개인 프로젝트든, 동아리 활동이든 상관없다.
각 프로젝트마다 구성은 아래와 같이 하면 된다.
- 문제 정의: 무엇을 해결하려 했는가?
- 과정: 어떤 방식으로 접근했는가?
- 결과: 무엇을 만들었는가?
- 배운 점: 이 경험에서 무엇을 배웠는가?

2. 창의 루틴 결과물
이 책에서 실천한 숫자 연상, 우화, 명작 연상 등의 결과물을 모은다. "나는 매일 창의 루틴을 실천하는 사람"이라는 것을 보여준다.

3. 사고 과정 문서화
하나의 아이디어가 어떻게 발전했는지를 시간 순서대로 보여준다.
예: "처음에는 단순히 '시간 관리 앱'을 생각했는데 → AI 추천 기능을 추가하면 어떨까? → 친구들과 공유하는 기능도 있으면 좋겠다 → 최종적으로 '함께 성장하는 시간 관리 플랫폼'으로 발전했다."

4. 실패 기록

실패한 프로젝트도 포함한다. "이 프로젝트는 실패했지만, 이런 점을 배웠다."는 것을 보여주면, 오히려 성장 가능성을 증명한다.

5. 추천서나 피드백

선생님, 친구, 멘토 등이 당신의 창의성에 대해 쓴 글을 포함한다.

포트폴리오는 PDF 문서, 개인 웹사이트, 노션 페이지 등 다양한 형태로 만들 수 있다. 중요한 건 "정기적으로 업데이트하는 것"이다.

[핵심 메시지]

창의지능이 강한 학생은 콘텐츠 크리에이터, UX 디자이너, AI 프롬프트 엔지니어 등 새로운 분야에서 주목받는다. 미래에는 창의지능을 중심으로 기술과 전문성을 결합한 π자형 인재가 경쟁력을 갖는다. 나만의 창의 포트폴리오를 만들어 성장 과정을 기록하자.

[실천 미션]

1. 내가 관심 있는 분야 3가지를 적고, 그 분야에 창의지능이 어떻게 활용될 수 있을지 생각해보자.

2. "창의지능 × [내가 좋아하는 것] × [내가 잘하는 것]"을 조합해서 나만의 진로 방향을 하나 만들어보자.

3. 지금까지 이 책에서 만든 결과물을 모아서, 간단한 포트폴리오 첫 페이지를 만들어보자.

공유 리터러시와 창조주권

> ## 공유 리터러시란...?
> ## 지식과 창작물을 공유하고 협업하는 능력

공유 리터러시 Sharing Literacy는 지식, 창작물, 아이디어를 다른 사람과 공유하고, 함께 발전시키는 능력이다. 단순히 '나눠주기'가 아니라, **'함께 만들기'**의 개념이다.

인터넷 이전 시대에는 지식이 소수에게만 독점되었다. 책은 비쌌고, 정보는 제한적이었다. 하지만 지금은 다르다. 위키피디아처럼 모두가 함께 만드는 백과사전이 있고, 오픈소스 소프트웨어처럼 코드를 공유하며 발전시키는 문화가 있다.

공유 리터러시가 높은 사람은 다음과 같은 특징이 있다.
1. 자신의 지식을 아낌없이 나눈다.
2. 다른 사람의 아이디어를 존중하고 인용한다.
3. 협업을 통해 더 나은 결과를 만든다.
4. 공유가 경쟁이 아니라 성장의 도구임을 안다.

예를 들어, GitHub[10]같은 플랫폼에서는 전 세계 프로그래머들이 자신의 코드를 공유하고, 서로의 코드를 개선한다. 한 사람이 만든 프로그램을 수백 명이 함께 발전시킨다. 이것이 공유 리터러시의 힘이다.

창의지능과 공유 리터러시는 완벽한 조합이다. 창의적인 아이디어는 혼자 간직할 때보다, 공유하고 피드백을 받을 때 더 빠르게 발전한다.

---

10) 세계최대의 소스코드 호스트이자 협업 플랫폼, 온라인 공유저장소

오픈소스 정신과 집단지성

오픈소스Open Source란 소스 코드를 공개해서 누구나 사용하고, 수정하고, 배포할 수 있게 하는 것이다. 처음에는 소프트웨어 분야에서 시작했지만, 지금은 지식, 예술, 교육 등 모든 분야로 확산하고 있다.

오픈소스 정신의 핵심 원칙은 다음과 같다.

1. 투명성Transparency
모든 과정을 공개한다. 어떻게 만들어졌는지, 어떤 문제가 있는지, 어떻게 개선할 수 있는지를 모두가 볼 수 있다.

2. 협업Collaboration
혼자 완벽하게 만들려 하지 않는다. 많은 사람이 조금씩 기여하면서 함께 발전시킨다.

3. 자유로운 사용Freedom
저작권으로 독점하지 않는다. 누구나 자유롭게 사용하고, 변형하고, 재배포할 수 있다.

4. 기여와 인정Contribution and Recognition
기여한 사람은 명시적으로 인정받는다. 작은 기여라도 기록에 남는다.

오픈소스의 대표적 성공 사례가 리눅스Linux다. 1991년 리누스 토르발스가 만든 운영체제로 초기 버전을 공개했고, 수천 명의 개발자가 자발적으로 참여해서 지금은 세계에서 가장 안정적인 운영체제 중 하나가 되었다. 오픈소스 정신을 창의 지능에 적용하면 "내 아이디어를 공유하면, 더 많은 사람이 그것을 발전시켜 줄 것이다."라는 마인드를 갖게 된다.

집단지성Collective Intelligence은 여기서 한 걸음 더 나아간다. 개인의 지능을 모으면, 개인의 합보다 훨씬 큰 결과가 나온다는 개념이다.

위키피디아가 대표적 예다. 전문가 몇 명이 쓴 백과사전보다, 수백만 명이 조금씩 기여한 위키피디아가 더 방대하고 최신 정보를 담고 있다.

창의지능이 높은 사람은 집단지성을 활용할 줄 안다. '혼자 100% 만들기'보다 '함께 1000% 만들기'를 선택한다.

공유를 통한 창의지능의 확장

공유는 창의 지능을 확장한다. 왜일까?

1. 피드백을 받을 수 있다.

혼자 만들 때는 보이지 않던 문제점이나 개선점을 다른 사람이 발견해 준다.

2. 예상치 못한 연결이 생긴다.

내 아이디어를 본 누군가가 "이것과 저것을 결합하면 어떨까?"라는 제안을 해줄 수 있다.

3. 동기부여가 된다.

내 창작물에 "좋아요"나 댓글이 달리면, 더 만들고 싶어진다.

4. 네트워크가 형성된다.

비슷한 관심사를 가진 사람들과 연결되고, 협업 기회가 생긴다.

실제 사례:

한 고등학생이 자신이 만든 "숫자 이미지 연상 카드"를 인스타그램에 공유했다. 다른 학생들이 그 아이디어를 보고 자기 버전을 만들어 공유했다. 3개월 후, 10명의 학생이 함께 "숫자 연상 카드 100장 세트"를 완성해서 무료로 배포했다. 한 사람의 아이디어가 열 사람의 협업으로 확장된 것이다.

공유는 경쟁이 아니라 확장이다. 내 아이디어를 나눴다고 내 것이 줄어들지 않는다. 오히려 더 풍부해진다.

창조주권이란 : 자신의 창작물에 대한 권리와 책임

창조주권Creativity Sovereignty이란? 자신의 창작물에 대한 권리와 책임을 의식적으로 관리하는 능력이다.

창조주권은 두 가지 측면을 포함한다.

1. **권리** Rights
- 내가 만든 것에 대한 소유권
- 어떻게 사용될지 결정할 권리
- 적절한 인정과 보상을 받을 권리

2. **책임** Responsibilities
- 타인의 창작물을 존중할 책임
- 출처를 명확히 밝힐 책임
- 윤리적으로 창작할 책임

창조주권을 지키는 방법은 아래와 같다.

1. 내 창작물 보호하기
- 중요한 작품은 날짜와 과정을 기록해 둔다.
- 필요하면 저작권 등록을 한다.
- 공유할 때는 CCL(Creative Commons License)을 명시한다.

2. 타인의 창작물 존중하기
- 출처를 반드시 밝힌다.
- 허락 없이 상업적으로 사용하지 않는다.
- 변형할 때는 원작자에게 알리고 감사를 표한다.

AI 시대에 창조주권은 더욱 복잡해진다. "AI가 만든 이미지에 저작권이 있을까?" "AI를 활용해서 만든 작품의 저작권은 누구에게 있을까?" 같은 질문이 생긴다.

현재 법적으로는 "인간이 창의적 기여를 한 경우에만 저작권이 인정된다"는 원칙이 있다. 즉, AI에게 "고양이 그려줘"라고만 하고 나온 결과물은 저작권이 약하지만, "고양이를 르네상스 스타일로, 배경은 우주로, 표정은 슬프게, 색감은 파란색 계열로"라고 구체적으로 디자인한 프롬프트로 만든 작품은 창작자의 창의적 기여가 인정될 수 있다.

중요한 건 "AI는 도구일 뿐, 창의적 판단은 인간이 한다."는 점을 명확히 하는 것이다.

문제발견형 인간으로 성장하기

 세상은 문제를 해결할 사람이 아니라 문제를 발견할 사람을 찾는다. 많은 사람들이 "문제해결 능력"이 중요하다고 말한다. 물론 맞는 말이다. 하지만 더 중요한 것은 "문제발견 능력"이다.

 왜일까? 세상에는 이미 드러난 문제보다, 아직 아무도 발견하지 못한 문제가 훨씬 많기 때문이다. 스티브 잡스는 "사람들이 휴대폰과 음악 플레이어와 인터넷 기기를 따로 들고 다니는 게 불편하다."는 문제를 발견했다. 그 문제를 발견했기 때문에 지금의 아이폰이 세상에 나왔다.

 에어비앤비 창업자들은 "빈방이 많은데 호텔은 비싸다."는 문제를 발견했다. 그 문제로 인해 전 세계 어떤 호텔보다 더 많은 방을 임대하는 공유 숙박 플랫폼 에어비앤비가 탄생했다.

 넷플릭스 창업자는 "DVD를 빌리러 가는 것이 귀찮다."는 문제를 발견했다. 그래서 집에서 원하는 DVD를 볼 수 있는 스트리밍 서비스 넷플릭스가 보급되었다.

 이들은 모두 **아무도 문제라고 생각하지 않던 것을 문제로 정의**했다. 문제를 발견하면, 해결책은 따라온다.

 AI는 주어진 문제를 빠르게 해결할 수 있다. 하지만 "어떤 문제를 해결해야 하는가?"를 발견하는 것은 인간만이 할 수 있다. 문제발견 능력이 높은 사람의 특징은 익숙한 것을 낯설게 보며 "왜 이렇게 할까?" "다르게 하면 안 될까?"를 자주 묻는다.

 일상에 불편함을 그냥 넘기지 않고 끊임없이 기록하며 서로 관련 없어 보이는 것들 사이에서 연결 고리를 찾아 융합하고 분열하는 과정을 반복한다. 그래서 문제발견은 창의지능의 시작점이기도 하다.

일상의 모든 불편함은 잠재적 기회다. 문제를 발견하는 훈련은 바로 "불편함 관찰 일기"에서 시작된다.

불편함 관찰 일기 작성법

1단계: 하루의 불편함 3가지 적기
매일 저녁, 오늘 겪은 작은 불편함 3가지를 적는다.
- 아침에 양말 짝을 찾느라 시간이 걸렸다.
- 점심시간에 줄이 너무 길어서 밥을 못 먹었다.
- 숙제를 어디에 적었는지 잊었다.

2단계: 불편의 원인 분석하기
왜 이 불편함이 생겼는지 생각한다.
- 양말을 짝지어 정리하는 시스템이 없어서
- 점심시간이 너무 짧고, 식당이 하나뿐이어서
- 숙제를 여러 곳에 적어서 (공책, 앱, 포스트잇)

3단계: 해결 아이디어 떠올리기
이 불편을 해소할 방법을 상상한다. 현실성은 신경 쓰지 않는다.
- 양말마다 RFID 칩을 달아서 짝을 찾아주는 앱
- 점심시간을 학년별로 다르게 운영
- 모든 숙제를 자동으로 통합해 주는 앱

4단계: 한 주에 하나씩 실제로 시도하기
아이디어 중 하나를 골라서 실제로 해본다. 완벽하지 않아도 좋다.
- 양말을 세탁할 때 집게로 짝지어 놓기 (간단한 해결책)

이 훈련을 3개월 하면, 약 90개의 불편함과 90개의 아이디어가 쌓인다. 그중 하나는 정말 가치 있는 발견이 된다.

10대의 작은 실험이 사회를 바꾼 사례들

"나는 아직 어려서 세상을 바꿀 수 없어"라고 생각하는가? 그렇지 않다. 10대의 작은 실험이 실제로 사회를 바꾼 사례들이 많다.

사례 1: 보얀 슬랫 (18세, 네덜란드)

바다에 떠다니는 플라스틱 쓰레기 문제를 발견했다. 고등학생 때 "물이 흐르는 원리를 이용하면 플라스틱을 모을 수 있지 않을까?"라는 아이디어를 떠올렸다. 졸업 후 'The Ocean Cleanup' 프로젝트를 시작했고, 지금은 실제로 태평양의 플라스틱을 수거하고 있다.

사례 2: 키아라 니르가드 (11세, 캐나다)

마트에서 비닐봉지를 많이 쓰는 것을 문제로 생각했다. 직접 시청에 편지를 써서 "비닐봉지 사용을 줄이자!"는 캠페인을 시작했다. 결국 자기 지역에서 비닐봉지 사용 금지 조례가 통과되었다.

사례 3: 잭 안드라카 (15세, 미국)

삼촌이 췌장암으로 돌아가신 후, "왜 조기 발견이 어려울까?"를 고민했다. 인터넷으로 공부하고 실험해서, 췌장암을 조기에 발견하는 저렴한 검사지를 개발했다. 과학 경진대회에서 대상을 받았다.

사례 4: 말랄라 유사프자이 (11세부터, 파키스탄)

여자아이들이 학교에 못 가는 문제를 블로그에 기록했다. 이것이 전 세계에 알려지며 여성 교육 운동의 상징이 되었다. 17세에 노벨평화상을 받았다.

이들의 공통점은 일상에서 문제를 발견하고 "어차피 안 될 거야!"라고 포기하지 않는다. 작은 것부터 시작하고 주변 사람들에게 말하며, 도움을 요청했다. 이것은 누구나 할 수 있다. 세상을 바꾸는 건 큰 자본이나 권력이 아니라, **"문제를 발견하고 행동하는 용기"**이다.

나만의 변화 프로젝트 5단계

이제 당신이 발견한 문제를 실제 프로젝트로 만들어 보자.

1단계: 문제 정의하기

불편함 관찰 일기에서 해결하고 싶은 문제 하나를 선택하여 "[누가] [어떤 상황에서] [무엇] 때문에 불편하다."는 형식으로 정의한다.

예: "우리 학교 학생이 점심시간에 줄이 길어 시간이 짧다."

2단계: 해결 아이디어 발산하기

문제를 해결할 방법을 최소 10가지 떠올린다. 현실성은 나중에 생각한다.

1. 식당을 하나 더 만든다.
2. 점심시간을 학년별로 다르게 한다.
3. 미리 주문하는 앱을 만든다.
4. 도시락을 싸 오면 포인트를 준다.
5. 배식 시스템을 자동화한다.

... (10개까지)

3단계: 실현 가능한 아이디어 선택하기

10개 중에서 내가 실제로 시도할 수 있는 것을 고른다.

1. 혼자 또는 친구 몇 명과 할 수 있는가?
2. 비용이 거의 들지 않거나 적게 드는가?
3. 2주 안에 시작할 수 있는가?

4단계: 작은 실험 설계하기

완벽한 해결책을 만들려고 하지 않고, 작게 실험한다.

"일주일 동안 친구 10명과 함께 '점심 미리 주문 챗봇'을 활용하기"

5단계: 실행하고 기록하기

실험을 실행하고, 매일 결과를 기록한다.

무엇이 잘 되었는가?

무엇이 안 되었는가?

다음에는 무엇을 바꿀 것인가?

실패해도 괜찮다. 실패는 "이 방법은 안 된다."는 정보를 준다. 그 정보를 바탕으로 다음 실험을 설계한다.

[핵심 메시지]

세상은 문제를 해결할 사람보다 문제를 발견할 사람을 찾는다. 불편함 관찰 일기로 문제발견 능력을 키우고, 사회를 바꿀 수 있다는 확신을 갖고 나만의 변화 프로젝트를 5단계로 설계하고 실행하자.

[실천 미션]

1. 오늘부터 일주일 동안 불편함 관찰 일기를 매일 3가지씩 쓰자.

2. 일주일 후, 21개의 불편함 중 가장 해결하고 싶은 것 하나를 선택하자.

3. 그 문제를 해결할 아이디어 10개를 떠올리고, 그중 하나로 작은 실험을 설계해 보자.

인공지능은 불과 3년 만에 새로운 세상을 열었다. 챗봇과 에이전시, 설계, 혁신, 조직 5단계를 거치면 더 이상 일에 사람이 필요 없는 일상을 보여주겠다고 한다. 과연 인간은 무엇을 해야 하는가? 묻게 된다.

인공지능의 맥락 스페이스가 본격화되면 우리는 또 다른 세상으로 바뀐 일상에 직면할 것이다. 내 컴퓨터에 어떤 데이터가 있는지 인공지능이 알게 되고 내 핸드폰에 어떤 사진이 있는지 아무리 많아도 척척 다 아는 친구 같은 비서가 생기는 것이다. 똑똑한 소통과 글쓰기, 생각하기 등 모든 것이 쉽고 편안해 질 것은 뻔하다.

최근 미국 메타Meta에 다니는 친구는 카폰 안경에 AI를 장착하는 제품 이야기를 한다. 내가 보고 듣고 인식하는 것을 AI가 똑같이 보고 듣고 반응한다는 것이다. 나의 생각을 정확히 대체한다는 것은 장점도 있겠지만, 단점도 우려가 된다.

첫 직장을 다닐 때, 나는 전화번호를 50개 정도는 외웠다. 그러나 스마트폰이 등장하며 집전화도 부모 전화번호도 외우지 못하게 되었다. 우려가 되는 것은 인간이 인공 지능에게 의지하는 것이 너무 커지게 되는 것은 아닐까이다. 어느 날 안경이라도 벗고 나오는 날에는 아무것도 할 수 없는 나를 발견하게 될지 모른다.

내가 강조하는 창의 지능이 그 어느 때에 명령만 부르짖는 인간에게 소중한 것을 발견할 수 있는 보물 같은 지혜가 될 것이다.

내 삶을 향한 의지를 갖고 걸어라.
장애물이 있어도 물러서지 않고 다시 일어설 용기를 찾는다.
끊임없이 피어나는 지식으로
한 걸음씩 내딛는 인간의 서사가 살아나
기뻐하는 하루를 만드는 일상이 있기를 소망한다.

epilogue....

창의지능, 공유와 공존 그리고 창조의 미래

　AI의 파도가 거세게 몰아치는 지금, 많은 직장인이 "나의 대체
불가능성은 어디에 있는가?"라는 근원적인 질문을 던지고 있다. 계
산과 논리, 데이터 분석의 영역에서 AI는 이미 인간을 넘어섰다.
하지만 역설적으로 AI의 진화는 인간만이 가진 '창의지능Creative
Intelligence'의 가치를 더욱 선명하게 드러내고 있다.

　인간의 창의지능은 AI시대, 기계가 흉내 낼 수 없는 인간의 마지
막 보루이다. 지식의 종말과 새로운 지능의 탄생을 인정하며 과거
전문직의 가치는 '얼마나 많은 전문 지식을 보유하고 있는가'에 의
해 결정되었다. 의사, 변호사, 엔지니어, 마케터 등 모든 전문가는
지식의 배타적 점유를 통해 권위를 유지해 왔다. 그러나 생성형 AI
의 등장은 이러한 '지식의 가벽'을 허물어뜨렸다. 이제 웬만한 법률
상담, 코드 작성, 시장 분석 리포트는 AI가 단 몇 초 만에 인간보
다 정교하게 수행한다.
　우리는 이제 '지식 노동자Knowledge Worker'에서 '통찰 노동자
Insight Worker'로의 전환을 강요받고 있다. 단순히 정답을 찾는 능
력은 더 이상 경쟁력이 되지 않는다. 질문을 던지고, 맥락을 읽으
며, 무관해 보이는 것들을 연결해 새로운 가치를 창출하는 힘, 즉
창의지능CQ: Creative Intelligence이 전문성의 새로운 기준이 된 것이
다.
　그렇다면 일상에 '창의지능이란 무엇인가?'란 정리가 필요하다.
정리에 앞서 우리는 'AI가 가질 수 없는 세 가지 축이 무엇일까?'
를 묻게 된다. 많은 이들이 창의성을 예술적 감각으로 오해하곤 한
다. 하지만 전문직장인에게 필요한 창의지능은 훨씬 더 전략적이고

통합적인 능력이다. 가장 우선적으로 맥락 지능Contextual Intelligence AI는 텍스트를 처리하지만, 인간은 상황을 읽는다. 프로젝트의 이면에 숨겨진 정치적 역학 관계, 고객의 말 뒤에 숨은 미묘한 불안감, 시대의 흐름 속에 숨겨진 뉘앙스를 파악하는 능력은 오직 인간만이 가진 '감각'의 영역이다. 다음은 공감 기반의 문제 정의이다. AI는 주어진 문제를 가장 효율적으로 해결Problem Solving하는 데 탁월히다. 그러나 '무엇이 진짜 문제인가Problem Finding'를 결정하는 것은 인간의 몫이다. 타인의 고통이나 불편함에 공감하고, 그들의 삶을 개선하려는 의지에서 나오는 창의적 동기는 기계가 복제할 수 없다. 세 번째는 이질적 결합과 가치 부여이다. AI의 창의성은 확률적 조합에 가깝다. 반면 인간은 전혀 상관없는 두 분야의 경험을 연결해 새로운 철학을 만들고 가치를 부여할 수 있다. '데이터'를 '이야기'로 바꾸는 서사적 능력은 역시 인간이 가진 창의지능의 핵심이다.

특별히 전문직장인에게 필요한 창의 지능을 강화하는 전략은 무엇일까? 전문영역에서라면 어떻게 창의 지능을 날카롭게 만들 수 있을지가 가장 궁금할 것이다. 내 역량이 뾰족해지고 섬세해진다면 나의 몸값을 높이는 경쟁력을 갖게 될 것이다. 가장 시급한 문제는 '답'을 내는 시간보다 '질문'을 고르는 시간을 늘리는 것이다. 전문가로서의 경쟁력은 이제 '프롬프트(질문)'에서 나온다. AI에게 단순히 "마케팅 전략을 짜줘"라고 묻는 것과 "20대 여성의 고독이라는 정서를 자극하면서도 기술적 우위를 강조하는 브랜딩 전략을 짜줘"라고 묻는 것은 결과의 질이 다르다. 좋은 질문을 던지기 위해서는 해당 분야에 대한 깊은 인문학적 성찰과 비판적 사고가 선행되어야한다. 몇 해 전 젊은 층들이 즐겨 묻던 성격유형MBTI가 뭐예요?가 유행했다. 이제 'T자형 인재'를 넘어 '박학다식Polymath'해져야 한다. 자신의 전문 분야Vertical에만 매몰되지 말고 멀티플레이어가 되어 경계를 넘나들 때, 창의지능은 폭발한다. 법률가라면 심리학을, 엔지니어라면 철학을, 마케터라면 뇌과학을 탐구해야 한다. 서로 다른 도메인이 뇌 안에서 충돌할 때, AI가 계산할 수 없는 독창적인 인사이트가 탄생한다. 세번째로 실패를 수집하고 직관을 신뢰해야 한다. AI는 실패를 '오류'로 간주하고 제거한다. 하지만 인간의 창의성은 수많은 시행착오와 우연한 발견Serendipity 속에서 피어난다. 데이터가 가리키는 방향이 아니더라도, 오랜 경험에서 우러나오는 '직관'은 결정적인 순간에 AI보다 정확한 판단을 내리게 한다. 자신의 직관을 믿고 실험적인 시도를 멈추지 않는 태도를 길러가야 한다.

결론적으로 인간다움이 가장 강력한 경쟁력이다. AI 시대의 역설은 기계가 똑똑해질수록 우리가 더욱 '인간다운 가치'에 집중해야 한다는 점이다. 창의지능은 타고나는 재능이 아니다. 끊임없이 세상을 궁금해하고 타인과 연결되려 노력하는 과정에서 길러지는 근육이다. 이제 AI를 경쟁 상대로 보지 말고 나의 창의지능을 증폭시켜 줄 '지적 비서'로 활용해야 한다. 반복적이고 논리적인 업무는 AI에게 넘기고, 당신은 더 본질적인 질문, 더 따뜻한 공감, 더 대담한 상상에 시간을 쏟아야 한다. 그것이 바로 다가올 미래에 전문인으로서 생존을 넘어 승리하는 유일한 길이다.
우리의 고유함은 데이터 속에 있지 않고 데이터를 바라보는 우리의 시선, 그리고 그 데이터를 통해 세상을 바꾸려는 인간의 의지속에 있다. 창의지능은 바로 그 지점에서 시작된다.

창의지능은 혼자 키우는 것이 아니다. 이 책의 여정이 끝나간다. 하지만 당신의 창의지능 여정은 이제 시작이다. 이 책을 읽으며 당신은 많은 것을 배웠다. 창의지능의 구조, 아르케 창의루틴, AI와의 협업, 공유 리터러시, 창조주권, 문제발견 능력. 하지만 가장 중요한 깨달음은 이것이어야 한다.

창의지능은 공유하며 연결되어야 한다. 창의지능은 다른 사람과의 상호작용 속에서 성장한다. 친구와 우화를 나누며, 선생님께 피드백을 받으며, 온라인 커뮤니티에서 아이디어를 공유하며 자란다. 혼자 방에 앉아서 아무리 창의적인 생각을 해도, 그것을 나누지 않으면 절반의 가치밖에 없다. 나눴을 때, 다른 사람의 시각이 더해지고, 예상치 못한 연결이 생기고, 아이디어는 살아 움직이기 시작한다. 그래서 이 책은 단순히 "창의지능을 키워라"가 아니라 "창의지능을 키우고, 나누고, 함께 성장하라"는 메시지를 담고 있다.

공유와 협업이 만드는 집단창의지능이 필요하다. 미래는 개인 천재의 시대가 아니다. 집단 창의지능의 시대다. 위키피디아, 오픈소스 소프트웨어, 유튜브의 크리에이터 생태계를 보라. 혼자서는 절대 만들 수 없는 것들이 수천, 수만 명의 협업으로 만들어진다. 우리의 창의지능은 다른 사람의 창의지능과 만날 때 기하급수적으로 증폭된다.

1 + 1 = 2가 아니라, 1 × 1 = 10이 되는 것

그래서 이 책에서 배운 것을 혼자만 간직하지 말자. 친구에게, 가족에게, 선생님께, 온라인 커뮤니티에 나누자.

"나 요즘 숫자 연상 루틴 하는데 재미있어"
"우리 함께 우화 만들어 볼래?"
"이번 주 내가 발견한 문제를 같이 해결해 보자!"

이런 작은 공유가 쌓이면, 당신 주변에 창의지능이 높은 사람들이 모이기 시작한다. 그리고 그 집단은 혼자서는 상상할 수 없는 것을 만든다.

창조주권을 지키며 세상에 기여하는 삶이 중요하다. 창의지능이 높고, 공유를 잘하는 것만으로는 부족하다. 마지막으로 필요한 것은 **윤리**ethical integrity다. 창조주권은 단순히 내 작품을 보호하는 것이 아니다. 타인의 작품을 존중하고, 출처를 밝히고, 공정하게 행동하는 것이다. AI 시대에는 이것이 더욱 중요해진다. AI를 사용해서 누구나 쉽게 콘텐츠를 만들 수 있게 되면서, 표절과 원작 도용이 더 쉬워졌다. 하지만 쉬워졌다고 해서 해도 되는 것은 아니다.

진정한 크리에이터는 윤리적이다. 당신이 만드는 모든 것에 이런 질문을 던져야 한다. 이것이 누군가에게 해를 끼치지 않는가?, 출처를 명확히 밝혔는가?, 내 창의적 기여가 충분한가?, 이것이 세상을 조금이라도 더 나은 곳으로 만드는가?이다. 창조주권을 지키며 창의지능을 발휘하는 것. 그것이 당신이 세상에 기여하는 방법이다.

당신의 창의지능 여정을 응원하며 이 책을 다 읽은 당신은 이제 읽기 전과 다르다. 당신은 창의지능이 무엇인지 알고, 어떻게 키우는지 알고, AI와 어떻게 협업하는지 알고, 어떻게 공유하고 윤리적으로 행동하는지 안다. 하지만 아는 것과 실천하는 것은 다르다. 이 책의 진짜 가치는 당신이 **오늘부터 무엇을 하느냐**에 달려 있다.

> 오늘 숫자 하나를 이미지로 바꿔보자.
> 내일 3문장 우화를 만들어 보자.
> 이번 주 하나의 불편함을 발견하고 기록해 보자.
> 이번 달 작은 변화 프로젝트를 시작해 보자.

작은 시작이 큰 변화를 만든다. 매일 10분의 루틴이 1년 후 당신의 뇌 구조를 바꾼다. 오늘의 작은 실험이 10년 후 세상을 바꾸는 혁신이 될 수 있다. 당신 안에는 이미 창의지능이 있다. 이 책은 단지 그것을 깨우고, 키우고, 방향을 제시했을 뿐이다. 진짜 주인공은 당신이다.

AI 시대, 무엇이 인간을 인간답게 만드는가? 바로 **질문하고, 상상하고, 창조하는 능력**이다. 그것이 창의지능이다. 당신은 이제 그 능력을 갖췄다. 이제 세상으로 나가서 보여줄 차례다.

당신의 창의지능 여정을 진심으로 응원한다.
세상은 당신의 아이디어를 기다리고 있다.
당신의 질문이 미래를 바꿀 것이다.
당신의 창조가 세상을 더 나은 곳으로 만들 것이다.

지금, 바로 시작하자!

인문학적 소양
인간 본연의 욕구와 가치를 이해하는
깊은 인문학적 뿌리

기술적 수용성
AI를 능동적으로 다루고 활용할 수 있는
기술적 감각

예술적 감성
기능을 넘어선 심미적 가치와 감성을
부여하는 안목

창의지능 로드맵: 5단계 여정

PART 1. 깨우기
구조와 본질 이해

PART 2. 작동원리
질문, 딴생각, 낙서

PART 3. 루틴
매일 10분 훈련

PART 4. AI 융합
생각의 확장

PART 5. 미래설계
진로와 공유

직선(논리), 곡선(감성), 도형(조합)을 연결하여
나만의 아르케(Arche)를 완성하라.

<부록>

A. 창의지능 7DAY 루틴 플래너
B. AI인공지능 창의지능 연상사고유형 TESTING
(앱 링크제공)
C. 하루 10분 아르케 루틴북
D. 사진으로 연상하고 AI로 상상하기
작품제공 서유영작가

A. 창의지능 7DAY 루틴 플래너

"매일 10분 투자로 생각하는 방식이 달라진다"

■ 프로그램 개요

□ 핵심 원리

　매일 10분씩 부담없이 지속적으로 학습이 가능한 시간을 정한다. 7day 루틴플래너의 진행단계는 숫자루틴(3분)과 우화루틴(3분), 명화루틴(4분)으로 진행된다. 루틴만들기의 1주차는 기초기간이며 이후 자연스럽게 확장한다. 중요한 것은 매일매일 내 생각으로 만들어 낸 하나의 작은 창작물을 완성해 가는 것이다.

□ 준비물
　- 헤리티지아르케 연상언어키트
　- 필기구(색연필*볼펜)
　- 7day 루틴만들기 노트양식
　- 타이머 & 편안한 마음

□ 루틴만들기 커리큘럼

START
이미지로 연상해서 자기소개하기
NAME DRAWING

일	루틴체험	성장단계
1DAY	시작의 날, 나를 발견하라	자기탐색루틴
2DAY	확장의 날, 연결하다	전문단계루틴
3DAY	심화의 날, 나를 돌아보다	
4DAY	전환의 날, 관점을 바꾸다	
5DAY	융합의 날, 경계를 넘다	자율단계루틴
6DAY	창작의 날, 나만의 것을 만들다	
7DAY	통합의 날, 새로운 시작	

END
7DAY 천지창조 보물지도 그리기
7개의 핵심단어와 생성된 이미지를 연결하여
창의지능 루틴맵 그리기

자신의 이름을 이미지로 그려보세요!
Draw your own name as an image!

자신을 표현하는 4개의 진실문장과 1개의 거짓문장 만들기!
Make 4 true sentences and 1 false sentence that introduce yourself!

1 _____

2 _____

3 _____

4 _____

5 _____

www.HeritageArche.org

일상을 연결하는 이미지와 문장으로 나를 소개한다!

수없이 사용한 자신의 이름을 활용하여 과거의 기억 속에 저장된 이미지를 연상하고 연결하여 삶의 일상으로 가져와서 자신의 에피소드로 구성한 후 소개를 시작한다.

이름을 활용한 자기소개 연상하기

- 자신의 이름 3글자로 연상되는 3개의 이미지를 그린다.
- 예를 들어 이름이 김/태/연이라고 한다면 김(金)자하면 떠오르는 이미지를 3개의 칸에 각각 하나씩 그린다. 김이 모락모락 나는 굴뚝을 그릴 수도 있고 먹는 김을 그릴 수도 있다.
- 이름이 두 자인 경우는 한 칸을 비우면 되고 4자인 경우 이름만 그려 퀴즈에 참여한다. 퀴즈를 맞히기 어려운 이미지를 그린 친구는 2차로 힌트를 주며 맞추도록 한다.

자신을 소개할 수 있는 문장으로 퀴즈를 만들다

-두 번째는 아래의 5문장으로 소개 문장을 작성한다.
-4개의 문장을 진실로 자기를 소개하는 문장을 작성한다.
-1개의 문장은 거짓으로 자기를 소개하는 문장을 작성한다.
-쉬운 문장으로 거짓 문장을 만들기보다 난이도 있게 문제를 만들고 퀴즈에 참여하게 한다.

내이름은 My name is~

Name Drawing 이름그리기~

이름이야기 Name Story ~

헤리티지 아르케
HERITAGE ARCHE

'이름속 이야기' 연상언어교육
Arche Name Drawing

이름은 태어나면서부터 평생을 간직하고 불린다.
누구나 갖고 있는 자신의 이름은
싫거나 좋거나 늘 그림자처럼 따라다닌다.
나를 대변하고 타인에게 나를 인식시키며
끊임없이 소통하는 나의 정체성이다.

사람의 이름을 바꿔주는 것은 단순한 호칭이 아니라
새로운 정체성과 사명을 의미하는 중요한 순간입니다.

1) 아르케 네임드로잉 소개 양식으로 작성합니다.
2) 자신의 본명 이름을 작성합니다.
3) 이름에 연상되는 이미지를 그립니다.
4) 이미지를 설명할 수 있는 스토리를 적습니다.

■ Day1 시작의 날 - "나를 발견하다"

□ 오늘의 목표는 창의 루틴의 구조를 이해하고, 첫 경험을 통해 자신감을 얻는 것이다.

🐻 [3min] 숫자연상루틴

1. 오늘 날짜의 일자(日) 숫자 선택 (예: 19일이면 숫자 1과 9)

2. 숫자 1을 보고 연상되는 이미지를 적어봅니다.
   - 질문: "1을 보면 무엇이 떠오르나요?"
   - 예시: 연필, 나무, 출발선, 촛불, 기둥, 구름, 구두, 구슬 등

3. 두 개의 이미지에서 떠올린 단어를 융합합니다.
   - "연필은 구두이다. 왜냐하면 ____이다"
     (이유에 대한 자기 생각을 작성한다)

🐻 [3min] 우화연상루틴

1. 오늘 나의 기분을 한 단어로 표현합니다. (예: 설렘, 긴장, 기쁨)
2. 그 기분으로 연상되는 동물을 상상합니다.
3. 3문장 우화 만들기
   - 문장 1 : (동물)이 (상황)에 있었다
   - 문장 2 : 그런데 (문제/갈등)이 생겼다
   - 문장 3 : (동물)은 (행동)했고, (결과)를 얻었다

🐻 [4min] 명화연상루틴

1. 레오나르도 다빈치 '모나리자' 이미지 검색
2. 작품 감상
3. 작품을 보며 떠오르는 질문 3개 적기 (3분)
   - 왜 미소를 짓고 있을까?
   - 배경은 어디일까?
   - 나라면 어떤 표정으로 그려지고 싶을까?(1분)

☑ 오늘의 성과체크
   □ 첫 숫자 이미지
   □ 첫 3문장 우화 완성
   □ 첫 명화와의 대화 완료
□

□ 성찰 질문
   - 10분 동안 내가 만든 생각나는 창의사고는?

■ Day2 확장의 날 - "연결하다"

□
□ 오늘의 목표는 어제와 오늘을 연결하며 창의적 연속성을
경험하는 것이다.

🐻 [3min] 숫자연상루틴

1. 숫자 2 선택
2. 숫자 2의 이미지 찾기 (예: 백조, 귀, 커플, S자 곡선)
3. 어제의 숫자 1 이미지와 오늘의 숫자 2 이미지를 연결하는 문장
만들기
    - "_____(1)이 _____(2)를 만났다"
    - 예: "연필(1)로 백조(2)를 그렸다"

🐻 [3min] 우화연상루틴

특별 미션 : 숫자 연상에서 만든 문장을 우화로 확장하기

1. "연필과 백조" 이야기를 3문장으로 전개
    - 문장 1 : (연필)과 (백조)가 있었다.
    - 문장 2 : 그런데 (문제/갈등)이 생겼다
    - 문장 3 : (연필&백조)는 (행동)했고, (결과)를 얻었다

2. 이 우화가 내 삶에 주는 교훈 한 줄 쓰기

🐻 [4min] 명화연상루틴

1. 에드바르 뭉크 '절규' 감상 (1분)
2. 질문 만들기 (2분)
   - "왜 절규하고 있을까?"
   - "나는 어떤 감정을 잘 느끼는가?"
   - "상대방의 감정은 어떻게 공감할까?"

3. 내 인생의 '절규의 순간'을 한 문장으로 표현 (1분)

☑ 오늘의 성과
   ☐ 숫자 1과 2를 연결한 첫 이야기
   ☐ 숫자→우화 확장 경험
   ☐ 감정을 표현한 명작과 공감
☐

☐ 성찰 질문
"두 개의 다른 것을 연결할 때 어떤 느낌이 들었나요?"

■ Day3 심화의 날 - "나를 돌아보다"

□

□ 오늘의 목표는 창의 루틴을 자기 성찰의 도구로 활용하는
것이다.

🐻 [3min] 숫자연상루틴

1. 숫자 3 선택
2. 숫자 3의 연상이미지 (예: 삼각형, 클로버, 세 갈래 길)
3. 숫자 1, 2, 3을 모두 포함한 하나의 이야기 만들기
   "_____(1)과 _____(2)가 만나 _____(3)을 발견했다"

🐻 [3min] 우화연상루틴

특별 미션 : 지금 내가 고민하는 문제를 우화로 표현

1. 고민단어와 고민문장을 정리한다.
2. 내 고민을 가진 주인공(동물/식물) 정하기
3. 3문장의 우화로 문제와 해결 방향 표현
   (정답이 아닌 '방향'에 집중)

   - 문장 1 : (A)와 (B)가 있었다.
   - 문장 2 : 그런데 (문제/갈등)이 생겼다
   - 문장 3 : (A&B)는 (행동)했고, (결과)를 얻었다

1. 빈센트 반 고흐 '별이 빛나는 밤' 감상 (1분)
2. 변형 실습 (2분)
   - "별하면 떠오르는 이미지는?"
   - "만약 이 그림이 낮이었다면 느껴지는 감정은?"
   - "빛으로 연상되는 행동이 있다면 무엇일까?"
3. 위에 3가지 변형실습으로 이미지나 문장으로 표현한다면(1분)

☑ 오늘의 성과체크
☐ 3개 숫자로 만든 첫 스토리
☐ 내 고민을 우화로 재해석
☐ 명작 변형 첫 시도
☐

☐ 성찰 질문
"내 문제를 우화로 보니 어떤 관점의 변화가 생겼나요?"

■ Day4 전환의 날 - "관점을 바꾸다"

□

□ 오늘의 목표는 같은 것을 다르게 보는 힘을 키우는 것이다.

[3min] 숫자연상루틴

특별 미션 : 딴생각 연습

1. 어제까지 만든 숫자 이미지를 '딴생각'으로 연상하기
   숫자1이 연필이었다면, "연필이 아닌 1"은?
   (예: 끝, 고독, 유일)
2. 새로운 관점의 이미지로 문장 만들기
3. 원래 이미지와 새 이미지 융합문장 만들기

[3min] 우화연상루틴

특별 미션 : 어제의 우화를 다른 결말로 다시 쓰기

1. Day 3의 우화를 가져오기
2. 문장 3(해결)을 완전히 다른 방식으로 바꾸기
   - 문장 1 : (A)와 (B)가 있었다.
   - 문장 2 : 그런데 (문제/갈등)이 생겼다
   - 문장 3 : (A&B)는 (행동)했고, (결과)를 얻었다
3. 두 가지 결말을 비교하고 어떤 관점이 변화했는지 기록

🐻 [4min] 명화연상루틴

1. 아쉴고르키 '소치의 정원' 감상 (1분)
2. 관점 바꾸기 질문 (2분)
   - "어떤 감정이 드나요?"
   - "그림을 요일로 표현한다면?"
   - "그림을 맛으로 표현한다면?"
3. 다른 관점으로 생각한 한문장 쓰기 (1분)

☑ 오늘의 성과체크
☐ 역발상 연습 완료
☐ 하나의 이야기, 두 가지 결말
☐ 관점 전환의 힘 체험
☐

☐ 성찰 질문
"관점을 바꾸니 내 문제가 다르게 보였나요?"

■ Day5 융합의 날 - "경계를 넘다"

□ 오늘의 목표는 세 가지 루틴을 하나로 통합하는 경험이다.

🐻 [3min] 숫자연상루틴

1. 숫자5로 연상되는 이미지나 단어를 선택 (별, 손가락, 오각형)
2. 1부터 5까지의 숫자를 모두 사용한 '5막 구조' 이야기 만들기
   막1: 직면(1) → 막 2: 의심(2) → 막3: 확신(3) → 막4: 전환(4) →
   막5: 해결(5)

🐻 [3min] 우화연상루틴

특별 미션 : 숫자 이야기를 우화로 변환

1. 위에서 만든 5막 구조에 등장인물(캐릭터) 부여
2. 핵심 3문장으로 압축
   - 문장 1 : (A)와 (B)와 (C)가 있었다.
   - 문장 2 : 그런데 (행복/꿈/문제/갈등)이 생겼다
   - 문장 3 : (A&B)는 (생각, 감정, 행동)했고, (결과)를 얻었다
3. 교훈 찾기

1. 구스타프 클림트 '키스' 감상 (1분)
2. 이 작품과 내가 만든 우화의 공통점 찾기 (2분)
   - 둘 다 '관계'를 다루는가?
   - 생각과 감정과 행동에 대한 융합사고가 가능한가요?
   - 감정을 표현하는 건강한 경계선은 무엇일까요?
3. 우화+명작을 융합한 새로운 제목 붙이기 (1분)

☑ 오늘의 성과체크
   □ 첫 5막 구조 이야기
   □ 숫자→우화→명작 통합 경험
   □ 창의적 융합 첫 시도
□

□ 성찰 질문
"서로 다른 생각과 감정과 행동을 융합할 때 중요한 점은
무엇인가요?"

■ Day6 창작의 날 - "나만의 것을 만들다"

☐

☐ 오늘의 목표는 배운 것을 바탕으로 온전히 나만의 창작물을 완성하는 것이다.

⏱ 10분 루틴

[3min] 숫자연상루틴

특별 미션 : 나를 표현하는 숫자 선택

1. 생년월일(19750426), 전화번호(6242-6756) 숫자 중 하나 선택
2. 숫자로 연상된 이미지*단어 연상하기
3. 연상된 이미지를 캐릭터로 "이야기 정리"

[3min] 우화연상루틴

특별 미션 : 내 인생 우화 쓰기

1. My History 또는 최근 경험으로 3문장 우화로 표현
2. 멋진(A)와 그저그런(B)와 못된(C) 살고 있었다.
3. 그런데 (어떤 여정을 거쳤는지) 겪게 되었다.
4. 그러던 어느날 (이런 일이 일어났다) 그래서 (무엇을)알게 되었다.

[4min] 명화연상루틴

1. 오늘까지 본 명작 중 가장 인상 깊었던 것 다시 보기 (1분)
2. 그 작품에서 영감받아 나만의 작품 구상 (2분)
   - 직선, 곡선, 도형으로 추상적인 이미지를 자유롭게 그려봅니다.
   - 완성도보다 '시도'가 중요
3. 작품 제목과 핵심 아이디어 기록 (1분)

☑ 오늘의 성과
   ☐ 나를 표현하는 숫자 발견
   ☐ 내 인생 우화 첫 완성
   ☐ 나만의 창작 아이디어 구체화

☐ 성찰 질문
"내 안의 어떤 창의성이 발견되었나요?"

■ Day7 통합의 날 - "새로운 시작"

□ 오늘의 목표는 7일간의 여정을 돌아보고, 앞으로의 창의 루틴을 설계한다.

7DAY 천지창조 보물지도 그리기

지난 7일간의 여정을 돌아보고
앞으로의 창의루틴맵을 설계한다.

지난 7일간 만들어진 7개의 이미지를 선택하여
시작부터 종결까지 이어본다.

[10분] 통합연상루틴

특별 미션 : 숫자 7 또는 1~7 통합

1. Day 1부터 Day 6까지 만든 모든 숫자 이미지 나열
2. 이것들을 하나의 '보물지도' 스토리로 연결
   "나는 __(1)에서 출발해 __(2)를 만나고..."

☑ 7일간의 성과
 - 총 ___개의 숫자 이미지 생성
 - 총 ___개의 우화 창작
 - 총 ___개의 명작과 대화
 - 나만의 창의 루틴 설계 완료

📖 최종 성찰

1. "7일 전의 나와 지금의 나, 무엇이 달라졌나요?"

2. "가장 기억에 남는 순간은 언제였나요?"

3. "앞으로 어떤 창의적 사람이 되고 싶나요?"

창의지능을 깨우는 **7일 루틴**

1단계: 발견
새로운 아이디어나 정보를
적극적으로 탐색합니다.

2단계: 연결
서로 다른 요소들을 이어
새로운 관계를 찾습니다.

3단계: 관점
문제를 다양한 각도에서
바라보며 시각을 전환합니다.

4단계: 경계
기존의 틀과 한계를 인식하고
넘나듭니다.

5단계: 융합
이질적인 아이디어들을 결합하여
새로운 가치를 만듭니다.

6단계: 창작
아이디어를 구체적인
결과물로 만들어냅니다.

7단계: 통합
창작물을 기존 지식 체계에
적용하고 완성합니다.

NotebookLM

■ 루틴 지속을 위한 가이드 (2주차 이후 추천 방식)

□ 기본 유지형 (초보자 추천)
- 매일 10분, 같은 구조 반복
- 숫자는 1~20까지 순차적으로 진행
- 우화와 명작은 새로운 주제 선택

□ 시간 확장형 (익숙해진 사람)
- 매일 15분으로 확장
- 각 루틴에 1~2분씩 추가
- 더 깊은 성찰과 창작

□ 주제 집중형 (특정 목표가 있는 사람)
- 주 단위로 하나의 큰 주제 설정
- 7일 동안 그 주제를 세 가지 루틴으로 탐구
- 예: "관계" 주제 → 관계 관련 숫자, 우화, 명작

□ 자유 창작형 (숙련자)
- 루틴 구조는 유지하되 내용은 완전 자유
- 하루는 그림, 하루는 음악, 하루는 글쓰기
- 다양한 창작 매체 실험

□ 지속 팁
1. 같은 시간, 같은 장소 : 의지력 소모 최소화
2. 완벽보다 완료 : 10분 안에 끝내기

3. 기록의 힘 : 워크북에 남기면 성장이 보임
4. 공유의 즐거움 : 가족, 친구와 함께하면 동기부여 향상
5. 21일 챌린지 : 3주 지속하면 습관으로 자리잡음

□ **예상 효과 (실천자 데이터 기반)**
1주 후
　- 85%: "생각하는 방식이 달라졌다"
　- 67%: "문제를 다르게 보게 되었다"
　- 54%: "아이디어가 더 자주 떠오른다"
3주 후
　- 전전두엽-측두엽 연결 25% 증가
　- 창의적 해결책 제시 32% 증가
　- 스트레스 감소 65% 보고
3개월 후
　- 창의지능 자동화 (의식 없이도 연상 가능)
　- 문제해결 속도 향상
　- 문화적 소양 확장

"매일 10분, 작은 반복이 당신의 뇌 구조를 바꿉니다."
창의 지능은 특별한 순간에만 발휘되는 능력이 아닙니다.
매일의 습관 속에서 키워지는 능력입니다.
7일은 시작일 뿐입니다.
진짜 변화는 그다음부터 시작됩니다.
지금 시작하세요.
내일의 당신은 오늘의 선택으로 만들어집니다.

B. AI 창의지능 연상사고유형 TESTING

창의지능 검사

자신의 교육과 배움 환경 및 그동안에 형성된 성향을 기반으로 체크합니다!
10가지 질문에 솔직하게 답해 주세요.

검사 시작하기

<검사지표>

공감력
대인관계
자기애
문제해결
집중력
정서안정
실행력
경청(소리)
연상력
감정통제

검사 결과

나의 창의지능 스타일을 확인해보세요.

창의지능 맵

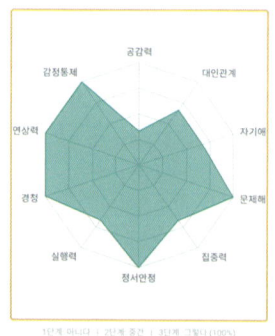

1단계 아니다 | 2단계 중간 | 3단계 그렇다 (100%)

나의 유형
공감형

공감형 리더 (통합사고)

'무엇이든 연결하는 나'

정서적 안정을 바탕으로 실행력과 경청 능력을 결합
하여 팀을 하나로 모으는 포용적 리더 유형입니다.

아르케 사고유형 분포

상상형   내비형

공감형   상징형

C. 하루 10분 아르케 루틴북

1DAY
루틴만들기

시작의 날
"나를 발견하다"

 [3min] 숫자연상루틴

연상숫자 :

연상이미지 :

융합문장 :

 [3min] 우화연상루틴

연상단어 :

연상캐릭터 :

3문장우화

1)

2)

3)

 [4min] 명화연상루틴

모나리자 작품질문

1)

2)

3)

2DAY
루틴만들기

확장의 날
"연결하다"

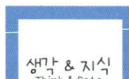

 [3min] 숫자연상루틴

연상숫자:

연상이미지:

융합문장:

 [3min] 우화연상루틴

3문장우화

1)

2)

3)

교훈문장:

 [4min] 명화연상루틴

절규 작품질문

1)

2)

3)

연상문장:

3DAY
루틴만들기

 심화의 날
"나를 돌아보다"

생각 & 지식
Think & Data
zone

 [3min] 숫자연상루틴

연상숫자:

연상이미지:

융합문장:

 [3min] 우화연상루틴

3문장우화

1)

2)

3)

교훈문장:

감정 & 지혜
Emotion & wisdom
zone

 [4min] 명화연상루틴

절규 작품질문

1)

2)

3)

연상문장:

행동
Action
zone

4DAY
루틴만들기

전환의 날
"관점을 바꾸다"

 [3min] 숫자연상루틴

연상숫자:

연상문장:

융합문장:

 [3min] 우화연상루틴

3문장우화

1)

2)

3)

변화기록:

 [4min] 명화연상루틴

소치의정원 작품질문

1)

2)

3)

관점문장:

5DAY
루틴만들기

융합의 날
"경계를 넘다"

 [3min] 숫자연상루틴

연상숫자:

연상문장:

 [3min] 우화연상루틴

등장 캐릭터

*

*

*

연상문장

1)

2)

3)

교훈문장:

 [4min] 명화연상루틴

융합문장:

제목연상:

6DAY
루틴만들기

창작의 날
"나만의 것을 만들다"

 [3min] 숫자연상루틴

연상숫자:

연상단어:

1)

2)

3)

4)

5)

6)

연상스토리:

생각 & 지식
Think & Data
zone

 [3min] 우화연상루틴

3문장우화
1)
2)
3)

 [4min] 명화연상루틴

작품선택:
작품그리기

제목:

7DAY
루틴만들기

통합의 날
"새로운 시작"

7개 이미지단어:

*   *

*   *

*   *

*

 스토리만들기

보물지도 그리기

D. 사진으로 연상하고 AI로 상상하기

전문작가의 작품으로 명언문장 만들기 <서유영작가>

의미있는 별

   평범한 일상과 공동의 삶이 얼마나 소중한지 팬데믹을 통해 자각하게 되었다. 작품 속'집'들은 지구 위에 흩어져 있으면서도 서로를 비추는 작은 등불처럼 존재한다. 우리가 살아가며 돌보고 지켜야 할 지구, 그리고 서로에게 의미 있는 존재로 이어지는 풍경을 상징한다.

점house하나가 앞으로 나왔다.
흩어져 있던 점들이
하나둘씩 모여 마음을 먹고
의미를 갖기 시작한다.

이제, 사람들은
점이 만든 의미를 알고
이렇게 부른다.

별star

A dot came forward.
The dots that were scattered
Let's gather up and make up our minds
It starts to have meaning.

Now, people are
I know the meaning of the mole
It's called like this.

Stars

나 어릴 적에

　삼남매로 자라며 늘 아버지의 감시 아래 놓여 있던 청소년기의 불안한 감정을 담은 마음.

　보호라는 이름 아래 형성된 통제의 시선은 안도감과 동시에 긴장과 위축을 낳았고, 어린 시절의 나는 늘 누군가의 눈에 비춰지고 있다는 감각 속에서 스스로를 조심스럽게 감추며 살아가야 했다.

　화면 위에 반복적으로 등장하는 눈의 형상은 이러한 감시의 시선을 상징한다. 그것들은 외부로부터 향해진 타인의 눈이자, 어느 순간 내면에 자리잡은 검열 같은 시선이다. 그 아래 놓인 집들은 아직 단단한 공동체라기보다, 불안한 감정이 머무는 개인의 공간이다.

하늘에서 눈eye이 내린다.
그리고 내 마음을 읽는다.

하늘의 구름처럼 떠 있는 수많은 눈동자가
세 채의 집을 굽어 살핀다.

침묵의 감시인가? 혹은 환대인가?
닫힌 집과 열린 눈은 비밀이야기처럼
긴장스럽다.

Eye falls from the sky.
And read my mind.

So many eyes floating like clouds in the sky
inspect the three houses.

Is it silent surveillance? Or hospitality?
A closed house and open eyes like a secret story
I'm nervous.

Love Lost

　관계를 형성하고 유지하기 위해 타인을 공감하려는 개인의 내면에 초점을 맞춘다. 다른 사람의 말에 관심을 갖고 마음을 열어 주의 깊게 귀를 기울이는 태도, 혼자만 앞서 나아가기보다 때로는 숨을 고르며 타인과 보폭을 맞추려는 자세는 불필요한 마찰을 줄이고 관계를 더욱 단단하게 만드는 공감의 출발점이 된다.

　무수한 관계 속에서 외로움과 피로를 견디고 있는 사람에게 어떤 위로나 조언의 말을 건네기보다, '참 많이 힘들지?'라는 공감의 문장을 건네듯 말없이 다가가 등을 토닥인다.

기억이 하얀 벽으로 기어 들어갔다.
그리고 흩어졌다.

그리고
나의 자아에 흩어진 겹이 되었다.

작은 창문으로 종종
무의식이 고개를 내민다.
더 이상의 마음 전함이 없다.

모여 살지 않는 마음은 흩어짐이다.
내 집에 원시인이 사는 것처럼
상처로 쪼개진 파편의 겹은 거칠다.

설레임

 결혼하고 신혼시절 회사 모든 직원들과 강원도 설악산 권금성에 올랐다. (1998.1)

<아르케 연상언어교육키트로 뽑은 랜덤단어>

시계, 아쉬움, 혁신

<제목과 연상단어 융합하기>
-설레임은 시계와 같다. 너무 빨리 지나간 마음이다.
-설레임은 아쉬움이다. 왜? 미련이 남으니까!
-설레임은 혁신이다. 왜? 행동하게 해주니까!

설레임은
언제나 시계보다 먼저 뛰기 시작한다.

온 마음으로 사랑을 다짐했던
설악산 권금성 정상!

세심한 배려와 섬세한 감정에
소홀한 마음도 생기는 요즘,

30년 전으로 시계를 맞춘다면,
그 마음이 혁신처럼 와줄까요?

호기심

매년 창의교육 특강으로 출장을 가는 미국, 일정을 마치고 뉴욕 걷기를 시작한다.

<제목과 연상단어 융합하기>
호기심은 여름과 같다. 왜? 벗겨 주니까!
호기심은 비겁함이다. 왜? 익숙한 대로 보면 안보여준다.
호기심은 용기이다. 왜? 왠만해서는 안나온다.

호기심은
고정관념을 벗겨 준다.

여름 도시는 질문처럼 뜨겁고
호기심은 신호등 앞에 선 나에게
비겁함과 용기 중
무엇을 선택해 건널지 묻는다.

가끔 비겁함으로 땀띠가 나도
옷을 벗지 않고 버티지만,
용기를 내서 숨어있는 고집을 꺼내
변해 보라고 외친다~

AI시대, 창의지능

이미지로 상상하고 언어로 표현하라!

발행일 : 2026년 2월 22일
지은이 : 장태규, 조은래
디자인 : 헤리티지아르케
발행처 : 창의이미지언어연구소(CIL LAB)
    서울특별시 서초구 방배중앙로25길 51-1, 1F
    출판사 신고번호 제2024-000175호(서울 서초구청 2010년 11월 11일)
인쇄소 : 더드림미디어(주)
    경기도 고양시 일산동구 정발산로 15, 4층 A9호
정　가 : 22,000원
Homepage : www.HeritageArche.org
작품기증 : 서유영작가, Samir Sarkaar / India
ISBN 979-11-971280-3-1